Bert Hellinger
Mit der Seele gehen

Bert Hellinger

Mit der Seele gehen

Gespräche mit Bert Hellinger

Herausgegeben von Harald Hohnen
und Bertold Ulsamer

FREIBURG · BASEL · WIEN

Originalausgabe

Gedruckt auf umweltfreundlichem,
chlorfrei gebleichtem Papier

2. Auflage

Alle Rechte vorbehalten – Printed in Germany
© Verlag Herder Freiburg im Breisgau 2001
www.herder.de
Satz: Rudolf Kempf, Emmendingen
Herstellung: fgb · freiburger graphische betriebe 2002
www.fgb.de
ISBN 3-451-27579-1

Inhalt

Einleitung 7

Das Unvollendete ist immer auch vollendet 11
Über das Unvollendete 11
Der Wille zum Schicksal 12
Muster und Grundordnungen menschlicher Beziehungen . . . 14
Das „wissende Feld" 22
Vom Ernst und von der Kraft 26
Die wesentliche Grundhaltung 27
Die Bewegungen der Seele 28
Von den Lebenden und Toten 29
Von der Stille und der Arbeit 39
Über Spiritualität und Schuld 40
Von neuen Herausforderungen 43
Über den Krieg 44
Über Schuld und Unschuld 47
Über Widerstandskämpfer 53
Über Soldaten und Mörder 58
Über Männer und Frauen 60
Über Sexualität und Liebe 65
Über Paarbeziehung, Sexualität und Beziehung 66
Kinder und Eltern 78
Vom magischen Denken 86
Familienaufstellen und Psychotherapie 90
Über das Lernen von Familienaufstellungen 97
Über die Entwicklung des Familien-Stellens 98
Von Auswanderern und Flüchtlingen 109
Über das Aufstellen eines Haustiers 111
Stellvertretendes Aufstellen 113

Von etwas Größerem getragen 115
   Sich von den Toten lösen 115
   Das Schicksal 117
   Von etwas Größerem getragen 121
   Gefahren beim Familien-Stellen 128
   Das Andere hinter dem Schicksal 130
   Vom Gebrauch der wesentlichen Worte 133
   In Einklang kommen 136
   Verstrickung und Schuld 140

Von den Bewegungen der Seele 143
   Das Ich und die Seele 144
   Die Wirkung von Rachebedürfnis und Trauer 146
   Über die Bedeutung der Kirche 150

Vom Hinschauen, Loslassen und Vergessen 152
   Aufstellung mit Generälen 152
   Wann man vergessen muss 155
   Die rechte Art des Gedenkens 165

Von den Ordnungen der Liebe 169
   Die Wirkung des Gewissens 169
   Das Familienstellen 171
   Das Gewissen und die Liebe 174
   Von Schuld und Unschuld 178

Nachwort 181

Veröffentlichungen von und mit Bert Hellinger 183

Quellenverzeichnis 186

Weiterführende Hinweise 187

Einleitung

Bert Hellinger hat mit den Familienaufstellungen in der therapeutischen Szene in Deutschland Furore gemacht. Es gibt keine therapeutische Richtung, die sich in einer vergleichbaren Geschwindigkeit ausgebreitet hat, wie das von ihm in dieser speziellen Form entwickelte Familien-Stellen. Sein Ansatz breitet sich inzwischen von Deutschland in die ganze Welt aus, über Europa (besonders England, Spanien und Italien), über die USA, Mittel- und Südamerika (besonders Mexiko, Brasilien, Argentinien, Chile) bis hin zu Japan und China.

Was ist das Besondere am Familien-Stellen? Was sind die Entdeckungen von Hellinger? Was macht ihn und seine Arbeit so außerordentlich?

Fünf Bereiche, die ineinander greifen, scheinen mir besonders bedeutsam.
- Die meisten Therapierichtungen schauen bei Problemen des Klienten auf sein Leben. Welche schlimme Erfahrungen hat er gemacht? Was hat er, insbesondere in der frühen Kindheit, erlitten? Hier wird nach den Wurzeln seiner Probleme gesucht und oft auch Ursachen gefunden.

In den letzten Jahrzehnten kam dann noch der systemische Ansatz dazu, der Probleme über die Interaktionen innerhalb der Familie beschreibt und erklärt. Hier richtet sich der Blick auf die gegenwärtigen Beziehungen innerhalb der Familie. Die Bedeutung, die ein Problem oft für das ganze System hat, kam so aus Licht.

Hellinger hat diese beiden Richtungen um einen wesentlichen neuen Gesichtspunkt erweitert: Nicht alle Gefühle, Schwierigkeiten, Probleme lassen sich aus dem eigenen Leben und aus den gegenwärtigen Beziehungen innerhalb der Familie erklären. Probleme, Verhaltensmuster und Gefühle werden oft übernommen von früheren Mitgliedern unserer Familie. Denn in der Tiefe hat jedes Kind eine liebevolle Verbindung mit seiner Familie und es trägt die ungelösten Schwierigkeiten seiner Familie mit.

Solche fremden Gefühle oder Schwierigkeiten lassen sich durch Therapie der eigenen Lebenserfahrungen schlecht oder gar nicht auflösen. Den ersten Schritt zu seiner Auflösung macht ein Klient dann, wenn er erkennt, dass beispielsweise ein Gefühl wie Wut, Trauer oder Schuld gar nicht dem eigenen Leben entstammt, sondern ihn mit einem anderen Familienmitglied verbindet.

- Hellinger hat weiterhin entdeckt, dass diese Verbindungen mit unserer Familie eine klare Systematik besitzen und auf wiederkehrenden Ordnungen beruhen. So werden regelmäßig ausgeschlossene Familienmitglieder später von Nachgeborenen vertreten, die ein ähnliches Leben mit ähnlichen Problemen führen. Oder frühverstorbene Geschwister wirken sich auf das Leben der anderen Geschwister aus. Diese „Ordnungen der Liebe" (so der Titel eines seiner bekannten Bücher) geben der Arbeit mit Familienaufstellungen Struktur. Mit ihnen gewinnt fast jeder bei dem Erforschen der eigenen Familiengeschichte verblüffende Erkenntnisse.

- In einer Aufstellung nimmt der Klient für Familienmitglieder Stellvertreter und gibt ihnen im Raum einen Platz, der die Beziehung untereinander widerspiegelt. Er „stellt sie auf". Ähnliche Vorgehensweisen gab es auch schon früher, z. B. in den „Familienskulpturen" von Satir. Hellinger beschränkte sich jedoch auf diese simple Anweisung und ließ keine weiteren Vorgaben zu, wie Stellvertreter zu stehen, zu fühlen oder sich zu benehmen haben.

Durch dieses Vorgehen entdeckte Hellinger das „wissende Feld", eine bis dahin nie beachtete und gewürdigte Erscheinung: Der Begriff „wissendes Feld" beschreibt die Tatsache, dass Wildfremde, die als Stellvertreter an einen Platz gestellt werden, Zugang zu den Gefühlen des Familienmitglieds bekommen, das sie stellvertreten.

Bei der Erforschung der Reichweite dieses Phänomens stehen wir staunend erst am Anfang. Meine Vermutung ist, dass sich hieraus noch eine Fülle von Erkenntnissen ergeben, deren Bedeutung sich zur Zeit gar nicht abschätzen lässt.

• Die Verbindungen mit der Familie und die oft unheilvollen Verstrickungen reichen weit in den Kern unserer Persönlichkeit hinein. Hellinger hat Haltungen herausgearbeitet, die hier heilen und lösen. Durch die Arbeit von Hellinger ist deutlich geworden, dass unsere Haltung zum Leben unserer Haltung gegenüber den Eltern entspricht. Denn die Eltern sind unser Tor zum Leben. Ändern wir in der Tiefe unsere Haltung gegenüber den Eltern, ändert sich auch unsere Haltung gegenüber dem Leben insgesamt.

Solche Einsichten gehen weit über den Rahmen herkömmlicher Therapie hinaus. Im Kontakt mit ihnen tauchen grundsätzliche Fragen auf wie: Wer bin ich? Was ist das Leben? Was ist der Mensch? In der Tiefe schwingt diese Dimension bei Aufstellungen immer mit.

Darüber hinaus hat Hellinger eine sprachliche Form gefunden, in der sich diese Haltungen widerspiegeln. Schlichte Worte hat er in kraftvolle Lösungssätze gegossen. Da sagt dann die Schwester in einer Aufstellung zum Stellvertreter des frühverstorbenen Bruder: „Ich achte dich und deinen Tod. Bitte schau freundlich auf mich, wenn ich lebe." Solche einfachen Sätze können im Rahmen einer Aufstellung eine große heilende Wirkung für den Betreffenden entfalten.

• In den letzten Jahren stellt Hellinger sich immer mehr Themen, die in den Tiefen der Familien ruhen. Dabei greift er in seiner Arbeitsweise immer weniger ein, sondern vertraut sich dem „wissenden Feld" und den Bewegungen, die Stellvertreter spontan in ihrem Inneren spüren, an. Das sind dann Aufstellungen, die wortlos ohne Eingreifen ablaufen. Wegen der Tiefe, die Aufstellungen so oft erreichen, bezeichnet er sie als „Bewegungen der Seele".

Zu den Themen solcher Aufstellungen gehören in Deutschland das Dritte Reich, die Schuld der Deutschen und die Beziehung von Deutschen und Juden. Aber auch in anderen Kulturen stellt Hellinger sich in Aufstellungen den kollektiven Verstrickungen wie dem Bürgerkrieg in Spanien oder den Diktaturen mit ihren Tätern und Opfern in Argentinien und Chile.

Wenn wir diese Leistungen Hellingers anschauen, können wir ermessen, welche außerordentliche Kraft dazu erforderlich ist. Wer wie er als Pionier in Neuland geht, als ein Eroberer der inneren Welt, muss sich von vielen herkömmlichen Ansichten lösen. Dazu braucht er Hartnäckigkeit, Mut und Vertrauen ins eigene Urteil. Ihm kann es nicht genügen, sich an die Auffassungen zu halten, die weit verbreitet sind und den allgemeinen gesellschaftlichen Konsens bestimmen. Er muss das Allgemeingut der Meinungen, Urteile und Wahrnehmungen hinterfragen.

Hellinger hat sein Leben lang so gehandelt und ist auf diese Weise in seinen Meinungen und Urteilen zu einer großen inneren Unabhängigkeit gekommen. Deswegen provoziert so manches, was Hellinger sagt, die eigenen Anschauungen der Hörer oder Leser. Hellinger hat die unnachahmliche Fähigkeit mit seinen Einsichten, die er bisweilen zugespitzt auf den Punkt bringt, herkömmliche Denkweisen zu reizen.

Wundern Sie sich also nicht! Wenn dieses Buch für Sie, liebe Leserin, lieber Leser, Ihr erster Kontakt mit den Worten Bert Hellingers ist, dann ist es fast unausweichlich, dass Sie immer wieder auch in Bereiche kommen zwischen Staunen, Verblüffung, Entrüstung und Ärger. Am fruchtbarsten wird dieses Buch für Sie, wenn Sie den Lesestoff als Anstoß zum eigenen Weiterdenken nehmen – oder besser noch, wenn Sie sich anregen lassen, neu hinzuschauen und sich dann von Ihren eigenen Erfahrungen leiten zu lassen.

Freiburg, Sommer 2001 *Bertold Ulsamer*

Das Unvollendete ist immer auch vollendet

Über das Unvollendete

HOHNEN Rainer Maria Rilke schreibt in seinem Stundenbuch: *Ich kann mein Werk nicht überschauen und fühle doch, es steht vollendet. Aber, die Augen abgewendet, will ich es immer wieder bauen.*
Welche Gedanken regt das bei dir an – im Blick auf dein eigenes Werk?

HELLINGER Ich merke, dass ich auf dem Weg bin und dass ich im Grunde immer wieder von vorne anfange. Ich lasse mich immer neu überraschen, wenn ich arbeite, und es kommen neue Themen und neue Herausforderungen hoch. Ich stelle mich dem, wie es kommt. Dass auch das Unvollendete vollendet ist, ist mir seit langem klar. Denn das Unvollendete regt die Seele des Hörers oder des Lesers an, es zu ergänzen und auf seine Weise weiter zu spinnen. Insofern darf etwas auch, und muss sogar, unvollendet sein – damit es wirkt. Nur das Tote ist ganz vollendet.

ULSAMER Gibt es überhaupt etwas Vollendetes?

HELLINGER *Den Fluss der Zeit, nehmt ihn als Kleinigkeit in immer Bleibendem*, sagt Rilke. Als ich mich mit dem Gewissen befasst habe, habe ich lange den Wunsch gehabt, meine Gedanken dazu zu vollenden oder abzurunden.
Dann wurde mir ganz klar: Gerade dadurch, dass sie unvollkommen sind und unvollendet, sind sie gemäß. Denn wenn etwas ganz umfasst ist, umfasst es der Verstand. Aber die Seele lässt die Dinge offen. Insofern ist es für mich völlig in Ordnung, wenn etwas im Fluss ist.

Deswegen stelle ich mich auch gegen Curricula, die Festschreibung von Fortbildungseinheiten – als gäbe es bereits einen festen Fundus von Wissen, den man vermitteln und auf den man sich berufen kann. Damit nimmt man dem Ganzen die Bewegung und die Offenheit für das Neue. Das ist für mich etwas ganz Wichtiges.

Der Wille zum Schicksal

HOHNEN Rainer Maria Rilke schreibt: *„Geh in der Verwandlung aus und ein."* Der Wille zur Wandlung bei Rilke ist immer ein Wille zum Schicksal, ein Bemühen darum, dem Wechsel der Lebensereignisse und der Vergänglichkeit, das heißt, allem Irdischen gewachsen zu sein. Ähnlich sehe ich es in deinem Werk: Es werden Blockierungen aufgehoben durch den Willen zur Wandlung und durch den Willen zum Schicksal.

HELLINGER *„Geh in der Verwandlung aus und ein"* – das heißt bei Rilke eigentlich, stimme dem Sterben zu und wisse, dass dein Leben weiter wirkt, auch wenn du tot bist. Er bezieht sich dabei auf Orpheus. Orpheus ist ermordet worden, aber in allem Lebendigen kommt er wieder zum Vorschein.

Für Rilke selbst gilt das gleiche. Nach seinem Tod wirkt er weiter in seinen Gedichten und seinen Liedern. Und so ist er, obwohl verwandelt, gegenwärtig, obwohl tot, ist er gegenwärtig. Das ist hier, glaube ich, der Hintergrund in diesem besonderen Gedicht. Es bezieht sich ja auch auf die junge Tote, der er die Sonette an Orpheus gewidmet hat. Auch sie steht in seinen Liedern wieder auf, obwohl sie tot ist. Und Rilke, als ihr Freund, stimmt diesem Kreislauf von Vergehen und Wiederentstehen zu, ohne dass er und sie dem irgendeinen Widerstand entgegen setzen.

Wenn wir dies jetzt auf das übertragen, was wir vorher besprochen haben, dann sehen wir hier eine völlig andere Grundhaltung. Eine viel tiefere – und eine, die Zeit hat. Sie wartet auf die Gelegenheit. Wenn dann die Gelegenheit kommt oder der Aufruf und jemand ist im Einklang mit diesem Strom, dann hat er ungeheure Kraft. So schrecklich es klingt, einer der darauf warten konnte und es dann ergriffen hat, war Hitler.

HOHNEN Wer sagt: Ich stimme dem Tod zu oder stimme dem Sterben zu, stimmt der nicht auch dem zu, was schrecklich ist, was grausam ist, was Kampf ist, mitunter auch was Widerstand ist?

HELLINGER Diese Schlussfolgerungen sind für mich voreilig. Dem Leben zustimmen heißt: seinem Leben zustimmen und den Grenzen, die es einem setzt. Erst wenn einer durch besondere Umstände zu Großem berufen ist, dann wird er auch zur rechten Zeit handeln. Das Merkwürdige ist, dass die, die so groß in der Weltgeschichte handeln, nur für eine kurze Zeit wirken können, Dann fallen sie wieder. Also, die Größe bis zum Ende durchhalten – das kann kaum einer, auch wenn er groß beginnt. Das zeigt noch einmal, wie begrenzt unsere Wirkungsmöglichkeiten sind und wie wenig davon in den Willen des Einzelnen gelegt ist.

Mir fallen da ein paar Namen ein, Martin Luther zum Beispiel. Er hat groß angefangen, und nachher kam der Fall, bei den Bauernkriegen, zum Beispiel. Oder Napoleon. Es war unglaublich, was er geleistet hat – und dann kam auch der Sturz. Und bei Hitler natürlich auch. Durchhalten kann am Ende kaum einer.

ULSAMER Heißt Größe Einfluss? Oder: Etwas verändern oder neu in Gang setzen – ist das Größe?

HELLINGER Größe ist, etwas in Gang bringen, und zwar auf lange Zeit auf gute Weise. Das ist Größe. Das ist bei Luther der Fall, ganz klar. Das ist auch bei Napoleon der Fall, das ist auch ganz klar. Bei Hitler ist es schwer zu sehen, was dabei Gutes sein konnte. Es ist aber so, dass Errungenschaften und die Freiheiten, die wir jetzt haben, ohne diese schlimmen Erfahrungen nicht denkbar wären. Ich sehe das alles in einem größeren Zusammenhang.

ULSAMER Noch eine allgemeine Frage. Du ermutigst, dass jemand seinem Leben zustimmt. Heißt das auch, dem Leben allgemein zuzustimmen?

HELLINGER Beides braucht sich nicht zu widersprechen. Das erste ist natürlich, dass man seinem eigenen Leben zustimmt, und zwar in der besonderen Weise, in der es gegeben ist. Das bedeutet für mich, den Eltern zuzustimmen, die ich habe, der Kultur zuzustimmen, in die ich hinein geboren bin, der Sprache zuzustimmen, in die ich hinein geboren bin, den Möglichkeiten zuzustimmen, die mir dieses Leben gibt. Und es bedeutet auch, den Grenzen zuzustimmen, die es mir setzt. Es bedeutet auch die Zustimmung zur besonderen Aufgabe, die sich vielleicht für mich ergibt, in dem Rahmen, der mir vorgegeben ist.

Wer das nicht leisten kann, der kann natürlich auch nicht dem Leben im Allgemeinen zustimmen. Manche haben ja in ihrer unmittelbaren Umgebung ein ziemliches Chaos, wollen aber die Welt verbessern.

Dem Leben als Ganzes zustimmen, heißt für mich in erster Linie die Achtung vor dem Leben. Vor meinem, vor dem der anderen, vor der Natur.

Muster und Grundordnungen menschlicher Beziehungen

HOHNEN Ich habe von dir einmal gehört, dass das, was du im Lauf der Jahre beobachtet hast, dich zur Erkenntnis von Gesetzmäßigkeiten geführt hat. Wie kam es zu diesem Übergang? Was hast du bei dir oder anderen beobachtet?

HELLINGER Am Anfang stand die Beobachtung und die Erfahrung von gewissen Abläufen, wie sie sich beim Familienstellen zeigten. Aber nicht nur da, sondern auch im Leben allgemein, bei dem Lebens-Skript. Man sieht, dass Menschen nach bestimmten Mustern und nach bestimmten inneren Bildern leben, die auch mit der Familie zusammenhängen. Dahinter ist etwas wirksam, was zu solchen Mustern führt. Ich habe mir das nicht systematisch überlegt, sondern diese Einsichten kamen mir Schritt für Schritt, oft auch durch äußere Anstöße, indem ich etwas gelesen habe, was mich betroffen gemacht hat.

Zum Beispiel habe ich von Jay Haley einen Artikel über das „perverse Dreieck" gelesen. Er sagt, dass es gewisse übergeordnete Systeme gibt und bringt das Beispiel von einer Schule. Wenn ein Lehrer sich mit den Schülern verbündet, dann gibt es ein perverses Dreieck zwischen ihm, den Schülern und den anderen Lehrern. Oder wenn ein Schüler sich mit dem Lehrer verbündet, dann gibt es auch ein perverses Dreieck zwischen seinen Mitschülern, dem Lehrer und ihm. Immer wenn diese Grenze von übergeordnet und untergeordnet überschritten wird, gibt es das. Das hat mich sehr angeregt. Viele spätere Einsichten von mir haben da ihren Anfang genommen.

Viele Einsichten sind mir plötzlich gekommen. Während der Arbeit habe ich auf einmal ein Muster gesehen und bin dem weiter nachgegangen. So hat sich meine Einsicht in die Muster menschlicher Beziehungen Schritt für Schritt entfaltet – und ich bin noch lange nicht am Ende.

HOHNEN Ist es nicht eine Gefahr, dass man sagt, das sind Gesetzmäßigkeiten und dann nicht mehr so sehr auf das eigene Erleben achtet? Oder ist es so, dass die Gesetzmäßigkeiten so groß sind, dass im Grunde kaum noch etwas Neues hinzukommt? Oder würdest Du eher dafür plädieren, immer wach zu sein für das eigene Erleben, um die Erkenntnisse über diese Gesetzmäßigkeiten mitunter zu ändern, zu erweitern oder anders einzuordnen?

HELLINGER Beim Erleben muss man unterscheiden. Wenn es nur ein Gefühl ist, ist es nicht viel wert. Erleben kann aber auch heißen: Nachdem ich bestimmte Dinge getan habe, passiert etwas in meinem Leben, das ich nicht vorhergesehen habe. Partner erleben, zum Beispiel, dass sie nach einer Trennung an ihren früheren Partner gebunden bleiben und dann für lange Zeit keine andere Beziehung eingehen können. Das ist dann ein Erleben, das zählt. Dieses Erleben zeigt Gesetzmäßigkeiten.

Wenn sich ein Mann dann aber gleich in eine andere Frau verliebt und meint, jetzt sei alles in Ordnung und das Frühere zähle nicht mehr, dann zählt dieses Erleben noch nicht als eine Gesetzmäßigkeit. Man muss auf die langfristigen Ergebnisse von Verhalten schauen, zum Beispiel, wie reagieren die Kinder aus der zweiten Verbindung. Ahmt eines von ihnen vielleicht den früheren Partner nach? Aus den langfristigen Beobachtungen ergeben sich dann Einsichten in Grundordnungen.

ULSAMER Um auf die ursprüngliche Frage zurückzukommen: Entsteht nicht die Gefahr, dass sich ein solches Wissen um Ordnungen verfestigt? Dass jemand so etwas einfach lernt, weil er immer wieder in den Büchern liest, immer wieder davon hört, so dass ihm das eigene Hinschauen schwer fällt?

HELLINGER Ja, so etwas kann sich verfestigen. Man kann jetzt schon sehen, dass es sich verfestigt. Wenn jemand eine Familienaufstellung leitet und sofort sagt, die Frau muss links vom Mann stehen, obwohl das aus den Umständen noch gar nicht ersichtlich ist, dann wird von dem, was darüber geschrieben wurde, etwas unbesehen auf die gegenwärtige Situation übertragen. Das ist nicht zulässig.

Die Grundhaltung, offen zu sein für das, was sich im Augenblick zeigt, garantiert, dass etwas im Fluss bleibt. Diese Ordnungen, von denen hier die Rede ist, sind ja lebendige Ordnungen, im Gegensatz zu Gesetzen, menschlichen Gesetzen, die oft willkürlich sind, obwohl man sie manchmal als unabänderlich hinstellt. Die Ordnungen, um die es hier geht, sind Wachstumsgesetze, und die sind variabel. Wenn man das Bild der Evolution hinzu nimmt, dann ist es so, dass auch diese Ordnungen, nach denen sich etwas jetzt entwickelt, sich nach einiger Zeit auf eine andere Ebene heben lassen und dann anders erscheinen.

ULSAMER Was heißt das: „auf eine andere Ebene heben lassen"?

HELLINGER Es entwickelt sich, zum Beispiel, eine neue Tierart, oder die Affen entwickeln sich zum Menschen. Das macht ja einen großen Unterschied. Damit ergeben sich natürlich auch neue Ordnungen und neues Verhalten. Das wäre hier ein Beispiel.

Ähnliches entwickelt sich auch in menschlichen Beziehungen. Es kann sein, dass evolutionäre Bewegungen schon im Gang sind, die Neues von uns verlangen. Wenn ich mich daher auf etwas Altes festlege, dann stehe ich dem Neuen im Wege.

Ich habe einmal einen Vortrag von *Wolfgang Giegerich* gehört über die Entwicklung des ICH im Abendland. Man kann den Zeitpunkt genau festlegen, an dem entstand, was wir heutzutage als ICH erleben – nämlich in der Renaissance, als die Perspektive eingeführt wurde. Die Perspektive bringt alles in Bezug zu einem Raum, und der Raum bekommt fast göttliche Qualitäten. Doch der Raum wird ganz vom ICH her betrachtet. Damals hat es sehr lange gedauert, um die Gesetze des Raumes vom ICH her zu erkennen und sich daran zu gewöhnen. Heute ist das Allgemeingut geworden. Wir denken gar nicht mehr anders als in Perspektiven.

Genauso ging es mit den Erkenntnissen von *Freud*. Erst waren sie revolutionär, jetzt sind sie Allgemeingut geworden. Die Zeit ist aber schon wieder weiter. Wenn man sich jetzt auf das Vergangene versteift, dann entgeht einem das, was in der Gegenwart bereits wirkt.

HOHNEN Die von dir beschriebenen Ordnungen und überhaupt die Einsichten der Systemtheorie gehen ja über frühere Einsichten in der Psychotherapie hinaus. Aber ist es nicht so, wie du es gerade mit Freud beschrieben hast: Nach und nach werden diese neuen Einsichten zum Allgemeingut und werden dadurch eine verändernde oder auch eine erzieherische Wirkung bekommen?

HELLINGER Sicherlich. Es ist ja jetzt schon greifbar, dass in vielen Familien bereits eine Idee davon existiert, was die rechte Ordnung ist, dass viele sich danach richten und sehen, dass es eine gute Wirkung hat. Das ist die eine Seite.

Die andere Seite ist, dass es einen großen Unterschied macht, *wie* ich mich der Seele öffne.

Die Ordnungen der Liebe sind ja Ordnungen der Seele. Ich kann mit der Seele auf verschiedene Weise in Verbindung sein. Einmal auf einer mehr oberflächlichen. Dann erkenne ich bestimmte Dinge, die in einer Familienaufstellung ablaufen können und greife auch in die Bewegungen ein, weil ich die Ordnungen kenne. Das ist völlig legitim.

Nun gibt es aber auch durch den Rückzug, den inneren Rückzug vom bisher Gewussten, die Erfahrung, dass sich ein Raum öffnet, in dem tiefere Dimensionen der Seele wirksam werden, und zwar aufgrund der Zurückhaltung. Das sehen wir, zum Beispiel, im Umgang mit Tätern und Opfern. Ohne dass der Therapeut eingreift, geschieht manchmal etwas, und zwar unwiderstehlich vor aller Augen. Die Protagonisten in einer Aufstellung können sich überhaupt nicht gegen die Bewegung wehren, die sie plötzlich überkommt. Das hat, so scheint es mir, damit zu tun, ob der Therapeut fähig ist, den Raum zu schaffen, in dem er sich mit diesen Kräften der Seele verbunden fühlt, und auch, ob er die Kraft hat, sich so weit zurückzunehmen und doch völlig wach zu sein. Das ist das Paradoxe dabei: Er ist in höchstem Maße aktiv – und dennoch untätig zur gleichen Zeit.

Aus dieser Schicht kommen die entscheidenden Schritte. Ich kann mir nicht vorstellen, dass sie einer Nivellierung unterliegen, oder dass sie jemals in das allgemeine Bewusstsein aufgehen können, weil sie diese hohe Zentrierung erfordern.

Das Schöne ist, dass das Familienstellen die Einzelnen, die sich ihm wirklich aussetzen, dazu erzieht, sie sogar dazu zwingt sich dieser Ebene zu öffnen. Damit scheint mir etwas Lebendiges für die Zukunft garantiert zu sein.

HOHNEN Manchmal sieht es ja beim Familien-Stellen so aus, als könnten wir mit Schicksalen so eins, zwei, drei umgehen. Wie bewahrt sich ein Familienaufsteller davor, sich zu vergreifen, indem er etwa in die Schicksale ungerechtfertigt eingreift?

HELLINGER Wenn jemand so vorgeht, zeigt es sich sofort, dass es nicht geht. So einer wird dann sofort eines Besseren belehrt.

Auf der anderen Seite kann das jeder, der sich ganz zurückzuhalten weiß. Er kann plötzlich massiv eingreifen und sich wieder ganz zurückziehen. Dabei bleibt er nicht ganz passiv, sondern er wartet, ob er zu einem Schritt sozusagen aufgerufen ist, unwiderstehlich und notwendig. Dann macht er ihn auch – ohne Furcht –, und zieht sich wieder zurück. Das sind keine Gegensätze.

HOHNEN Die „Ordnungen der Liebe" gehen ja aus bestimmten Schicksalen bzw. Schicksalsbindungen oder Schicksalsgemeinschaften hervor. Wenn wir da in etwas eingreifen, durchaus auch in einer guten Absicht, nehmen wir damit nicht auch dem Schicksal oder Schicksalsbindungen oder Schicksalsgemeinschaften etwas weg?

HELLINGER Ja, das ist die Gefahr. Ein Erfolg in der Therapie ist oft nur ein scheinbarer, weil er den tieferen Bewegungen der Seele widerspricht. Deswegen ist es so wichtig, dass man selbst mit diesen Schicksalen im Einklang ist und nur dann handelt, wenn man weiß, jetzt ist es richtig, und sich dann wieder zurückzieht, ohne auf das Ergebnis zu schauen. Sobald ich auf das Ergebnis schaue, will ich eingreifen. Wenn ich aber nur meinen Schritt getan habe, im Einklang, dann greife ich nicht in anmaßender Weise in Schicksale und Schicksalsbindungen ein.

HOHNEN Wenn man dir bei der Arbeit zuschaut und dich mitunter zum ersten oder zweiten Mal in einem Kurs erlebt, ist man beeindruckt von der Schönheit der Lösungen, die dabei auftauchen. Doch ich erlebe auch viele, die sind entsetzt, abgestoßen, ärgerlich, weil du diese schönen Lösungen nicht in jedem Fall bringst. Die sagen: Der könnte das doch, wieso macht er das nicht? Hat es damit zu tun, was du gerade gesagt hast?

HELLINGER Ja, das ist es ganz genau. In einem solchen Augenblick würde ich das ja in meine Hand nehmen. Bei solchen Kursen habe ich auch beobachtet: Wenn zum Beispiel drei oder vier Aufstellungen hintereinander eine beeindruckende Lösung gebracht haben, dann geht die nächste oft daneben. Und zwar notwendigerweise, sonst wäre nicht mehr klar, dass das Ergebnis eben nicht vom Handeln und Können des Aufstellers abhängt.

HOHNEN Hat dieses „notwendigerweise" etwas mit dem Energiefeld zu tun? Oder ist es auch etwas, was sich innerlich bei dir regt und sagt, du musst dir deiner Grenzen bewusst sein?

HELLINGER Rilke sagt am Schluss der zehnten Duineser Elegie:
Und wir, die an steigendes Glück
denken, empfänden die Rührung,
die uns beinah bestürzt,
wenn ein Glückliches fällt.

Das Fallen des Glücks ist notwendig. Sonst haben wir eine Vorstellung von der Welt, als würde sie sich nur eindimensional auf ein Glück hin bewegen. Dadurch würde das andere ausgeklammert.

Deswegen gehören auch die Kritiken und die Kritiker notwendigerweise zu dieser Arbeit. Nicht, dass sie Recht haben, aber auch sie dienen dem Ganzen auf ihre Weise. Der Erfolg ruft die Gegner auf den Plan, als Ausgleich. Das hat nichts mit den Personen zu tun. Dahinter wirkt immer das Bestreben nach Ausgleich, irgend etwas muss wieder ins Gleichgewicht kommen. Das sehe ich auch so und nehme das Versagen und die Einwände gelassen.

Nicht, dass diese „andere Sicht des Erfolgs" schön ist, aber ich sehe, dass sie notwendig ist.

HOHNEN Du sagst ja häufig, dass Aufstellungen, die nicht in eine gute Lösung münden, eigentlich die Arbeiten sind, die am meisten Wirkung haben. Weil derjenige, der aufstellen wollte, auf sich selbst und auf seine Seele verwiesen wird. Und dass da, wo die Aufstellungen gute Lösungen bringen und scheinbar etwas vollenden, der Klient weniger arbeitet.

HELLINGER Es ist manchmal so, aber ich will das nicht verallgemeinern. Doch es ist schon so, dass wer an seine Grenze gekommen ist und vielleicht auch wütend ist, weil ich nicht weiter mit ihm arbeite, am Ende doch etwas Entscheidendes für sich leisten kann. Aber auch die schönen Lösungen leisten etwas Gutes.

HOHNEN Bei diesen schönen Lösungen hat man manchmal den Eindruck, es werden Schicksale vollendet. Was passiert da wirklich? Wird den Klienten eine andere Blickrichtung gegeben? Werden sie auf andere Wege geleitet?

HELLINGER Das Entscheidende bei einem Problem ist oft, dass jemand sich in etwas hineinziehen ließ, was nicht seines ist. Das Problem kommt aus einer Verstrickung oder aus einer Verantwortung, die vom Kind zwar in guter Absicht übernommen wurde aber notwendigerweise zum Scheitern führt. Wenn eine solche Verstrickung gelöst wird, fühlt sich der Betroffene befreit. Er braucht nichts Weiteres zu tun. Er ist jetzt frei für das, was ihm am meisten gemäß ist.

ULSAMER In letzter Zeit verändert sich mein eigenes Verhalten als Aufsteller. Ich bin eigentlich immer weniger bereit, in die vielen Schicksale einzugreifen, die aufgestellt werden. Am Anfang, vor ein paar Jahren, war das anders. Ich suchte die Ausgeklammerten aus der früheren Generation, stellte sie auf, brachte etwas in Ordnung bei den Großeltern, und der Friede, der dort erreicht wurde, ging dann durch die Generationen immer weiter nach vorn und – wenn wir Glück hatten – war es dann auch für den Klienten friedlich.
In letzter Zeit will ich eigentlich immer weniger verändern. Deshalb frage ich mich, wo fängt der Größenwahn beim Aufsteller an oder auch die Verwirrung, dass er eine Familie so mit dem Gefühl aufstellt: Ich krempele die Ärmel hoch und bringe diese Familie in Ordnung.

HELLINGER Meine Erfahrung geht in die gleiche Richtung, auf Minimales. Ich mache nur wenige Schritte und immer im Vertrauen in die

Seele der anderen. Aber manchmal ist es auch angemessen, die Ärmel hochzukrempeln.

ULSAMER Ich erinnere mich an eine Aufstellung, in der hat es den Vater in den Tod gezogen. Der Sohn hat aufgestellt, und ich habe die Arbeit darauf beschränkt, dass der Sohn die Sehnsucht des Vaters achtet und ihn ziehen lässt. Hinterher – es gibt ja inzwischen erfahrene Klienten – wurde mir daraus der Vorwurf gemacht: Warum hast du den Vater nicht gerettet? Du hättest ja schauen können, wohin es ihn zieht. Das ist der Punkt, an dem ich mich frage: Wann wird es zuviel? Wo ist die Grenze?

HELLINGER Viele habe die Vorstellung, als müsste man durch eine Aufstellung die ganze Familie retten. Dabei ist der Therapeut im Grunde doch nur mit dem Klienten verbunden und von ihm beauftragt, für ihn etwas zu tun. Den Klienten darf man nicht aus dem Auge verlieren. Wenn er etwas für sich gelöst hat, wirkt es sich oft auf die ganze Familie aus. Würde ich mich aber, um bei deinem Beispiel zu bleiben, auf den Vater konzentrieren, mich auch mit seinen Verstrickungen befassen, obwohl es im Zusammenhang nicht angebracht ist, verliert die Arbeit mit dem Klienten an Kraft. Schon deswegen darf man das nicht machen.

Das „wissende Feld"

ULSAMER Wann hast du das erste Mal das „wissende Feld" gespürt oder entdeckt? Gibt es da ein konkretes Erlebnis oder steht eine besondere Erfahrung dahinter?

HELLINGER Als ich mit der Transaktions-Analyse gearbeitet habe, ließ ich manchmal eine Wahrnehmungsübung machen, bei der in Gruppen von je sechs sich ein Mitglied vor die fünf anderen setzen sollte. Sie haben ihn dann angeschaut – mit Liebe, und zwar nicht fokussiert, sondern mit weitem Blick, und haben gewartet, bis ihnen plötzlich eine Einsicht über ihn hochkam. Das haben sie ihm dann gesagt. Nach zehn Minuten wurde gewechselt, jeder kam an die Reihe. Die Erfahrung war überwältigend. Die Betroffenen haben sich vor den Augen der anderen verändert, indem ihnen von ihnen diese Einsichten gesagt wurden. Denn diese Aussagen, weil sie ganz von der Liebe und der Bewegungen der eigenen Seele getragen waren, haben genau getroffen und haben etwas in der Seele des anderen und sogar in seinem Erscheinungsbild bewirkt. Ich habe eine Zeit lang auch gewagt, in Gruppen jedem Teilnehmer einen Satz zu sagen, für ihn persönlich. Das war manchmal für mich auch ein besonderes Erlebnis. Ich erlebte mich mit etwas in Verbindung, das mir eine Einsicht in den anderen gab. Ich habe das damals aber nicht näher definiert.

Später, als ich über Gewissen nachgedacht und gesehen habe, dass es ein Familiengewissen gibt, wurde mir klar, dass in den Familien eine den Einzelnen übersteigende Kraft am Werk ist, die alle gemeinsam steuert. Von daher hat sich das weiter entwickelt.

Übrigens hat sich, was ich in den Gruppen erlebt habe, in denen ich Einzelnen einen für sie persönlichen Satz gesagt habe, in den Aufstellungen wiederholt, als es darum ging, für die Einzelnen den Lösungssatz oder die richtigen Lösungssätze zu finden.

ULSAMER Wie kamst du zu der Beobachtung, dass die Stellvertreter Zugang zu diesem Wissen haben?

HELLINGER Das kann ich nicht mehr genau sagen. Ein Ereignis war, dass ich in Amerika vier Wochen an einem familientherapeutischen Seminar bei *Ruth McLendon* und *Les Kadis* teilgenommen habe. Dort wurden auch Aufstellungen gemacht. Ich war als Stellvertreter in einer solchen Aufstellung und wunderte mich, wie seltsam ich mich darin fühlte. Durch einige Umstellungen durch die Therapeuten habe ich mich plötzlich ganz anders gefühlt. Etwas Ähnliches geschah, als ich bei *Thea Schönfelder* zwei Seminare mitgemacht habe.

Wann ich angefangen habe, selber Aufstellungen zu machen, weiß ich nicht mehr. Wie sich das ergeben hat, und wie ich die Ordnungen entdeckt habe, die dort gültig sind, eine nach der anderen, kann ich nicht mehr sagen. Das war wie ein fließender Übergang.

HOHNEN Haben diejenigen, bei denen du die ersten Aufstellungen gemacht hast, es genauso gemacht wie du? Haben sie nur die Stellvertreter hinstellen lassen, oder war das eher eine Skulptur-Arbeit oder Psychodrama-Arbeit? Wie hast du das noch in Erinnerung?

HELLINGER Was ich bei *Ruth McLendon*, *Les Kadis* und *Thea Schönfelder* erlebt habe, war, soweit ich mich erinnere, nur reines Aufstellen. Mehr nicht. Doch es hatte eine erstaunliche Wirkung. Aber nach welchen Ordnungen sie vorgegangen sind, das war für mich nicht durchsichtig.

Ich weiß nur, wenn sie jemanden an einen anderen Platz gestellt haben, hat sich etwas verändert. Aber ich kann mich nicht mehr an die Einzelheiten erinnern. Ich habe all das in mich aufgenommen und nach einiger Zeit hat sich unter deren Einfluss etwas ergeben, das ich dann weiter verfolgt habe.

Mir wurde deutlich, dass das Bild als solches mehr mitteilt als mir einer sagt, viel mehr. Ich achte auf das Bild. Dann lasse ich es zunächst wirken, ohne dass ich eingreife. Oft ergibt sich aus dem Bild sofort der nächste Schritt. Wenn, zum Beispiel, einer in eine Richtung schaut, dann führe ich ihn in diese Richtung, sofort, ohne dass ich irgend jemanden frage.

Wenn ein Therapeut die Stellvertreter zu früh fragt, dann manchmal deswegen, weil er sich nicht sicher ist. Er lässt sich dann von den Stellvertretern führen, statt dass er die Arbeit führt. Vor allem er geht nicht mit dem, was bereits offensichtlich ist. Die Stellvertreter merken vielleicht die Unsicherheit und erzählen dann auch Falsches.

Vor allem darf man dem Stellvertreter nicht erlauben, eine Erklärung für sein Gefühl zu geben. Die Erklärung nimmt sofort Kraft weg. Er muss sich auf die wesentliche Aussage beschränken. Diese schließt vor allem sein Körpergefühl ein, aber auch seine seelische Befindlichkeit. Es ist nicht so, dass ich die Stellvertreter nicht sagen lasse, was sie fühlen. Nur wenn einer anfangen will, ausführlich zu reden, stoppe ich ihn. Oft ist es aber so, dass die entscheidende Aussage ist, ob er sich besser oder schlechter fühlt, ohne dass ich das andere damit abwerten will.

Ich interpretiere das entstehende Bild nicht, sondern ich folge ihm in dem, was es verlangt. Der Stellvertreter, zum Beispiel, der nach draußen schaut, will nach draußen gehen. Daher lasse ich ihn diesen Schritt sofort machen. Oder wenn alle Stellvertreter in eine Richtung schauen, dann weiß ich, vor ihnen fehlt jemand, der ausgeklammert ist. Dann frage ich natürlich nicht die Stellvertreter, sondern den Klienten, wer das sein könnte, und stelle einen Vertreter für diese Person davor.

Es gibt noch viele andere Situationen, die unmittelbar aus dem Bild klar sind. Was sie bedeuten, teile ich mit, bevor ich jemanden frage. Wenn sich zum Beispiel Mann und Frau gegenüberstehen, oder mit dem Rücken aneinander stehen, dann sage ich: Die Ehe ist vorbei. Das ist das Bild, das ist keine Interpretation. Es ist eine Beschreibung dessen, was offensichtlich ist.

Wenn es hilft, dann ist es gut. Das ist ein Grundsatz. Wenn ich bei einer Aufstellung das Bild sofort mit allem, was sich zeigt, beschreibe mobilisiert es starke Kräfte. Klienten werden so unmittelbar mit dem ganzen Ernst konfrontiert. Das vertieft die Aufstellungen.

HOHNEN Kann man es nicht bei der Beschreibung des Bildes belassen, zum Beispiel „Ihr steht Rücken an Rücken, vielleicht ist da etwas zwischen euch, vielleicht seid ihr im Augenblick getrennt." Der Satz „Die Ehe ist vorbei" geht darüber hinaus. Geht es dir dabei um die Mobilisierung der Kräfte?

HELLINGER Es handelt sich hier um eine phänomenologische Wahrnehmung. Eine phänomenologische Wahrnehmung beschränkt sich nicht auf das, was sichtbar ist, sondern erkennt das Wesentliche.

Vom Ernst und von der Kraft

Das Wesentliche hier liegt in der Einsicht: Diese Beziehung ist vorbei. Es kann sich später durchaus herausstellen, dass es neue Möglichkeiten gibt. Aber gerade deswegen, weil ich diese Wahrnehmung ungeschminkt gesagt habe, kommt die volle Kraft. Wenn wir sagen, es sieht so aus als ob – dann hat das keine Kraft.

Mir ist es in dem Sinne nicht wichtig, ob ich damit etwas erreiche. Ich bleibe einfach mit dem, was sich zeigt, in Verbindung. Wenn ich davon abweiche, bin ich nicht mehr ich selbst. Ich vergebe etwas von meinem Wissen und von meiner Wahrnehmung.

HOHNEN Ich kann sehr wohl die liebende Seite dahinter spüren, in dem Sinne, dass du all deine Sinne beisammen hast und wirklich auf den Punkt focussiert bist. Viele erleben dich an dieser Stelle hart.

HELLINGER Ich bin nicht mit dem Paar beschäftigt, als wollte ich etwas für sie erreichen. Ich bin mit der Wirklichkeit befasst, die ans Licht kommt. Ihr stelle ich mich.

Wer das nicht verträgt, der kann woanders hingehen. Ich ändere mich nicht, weil einer sagt, das ist hart. Oft stellt sich heraus, dass gerade das, was hart erschien, am Schluss das Heilende war. Wenn ich mich da beeinflussen ließe, gleich von Anfang an, würde ich mich preisgeben. Dann würde derjenige, der den Einwand macht, die Gruppe leiten. Das hätte eine schlimme Wirkung. Anders ist es, wenn mir jemand eine Wahrnehmung mitteilt, die mir entgangen ist. Ihr schließe ich mich gerne an.

HOHNEN Ist es dein Bild, dass du dir etwas vergibst, wenn ein anderer die Führung übernimmt?

HELLINGER Ich wehre mich gegen diese Deutung. Sie ist vordergründig, als ginge es hier um einen Machtkampf oder einen Beziehungskonflikt. Ich bin in Kontakt mit einer Kraft, die nach einer Lösung drängt, und zwar unerbittlich. Wenn ich davon abweiche, dann weiche ich von meiner eigenen Seele ab. Darauf kommt es an.

Die wesentliche Grundhaltung

ULSAMER Mich beschäftigen diejenigen, die nach dir Familien stellen. Wenn du eine Beobachtung gemacht hast oder wenn du sagst, du hast diese unmittelbare Wahrnehmung, dann ist das ja auch gewachsen. Es war ja vor zwanzig Jahren noch nicht so. Die Gefahr für jemand, der das Familienstellen lernt, ist, dass er das bei dir Gewachsene einfach übernehmen will. Was kannst du jemand sagen, der mit dieser Arbeit anfängt? Ich komme zum erwähnten Beispiel des Paares zurück. Ich habe es oft genug von dir gehört, wenn ein Paar sich gegenübersteht, dann ist es getrennt. Jetzt ist das aber für jemand anderen keine unmittelbare Einsicht, sondern es ist erst einmal etwas, was er von dir gehört hat. Ich habe es gesehen, dass die Aussage bei deinen Aufstellungen stimmt. Aber es fehlt immer noch die unmittelbare Einsicht. Wie kommt jemand dazu?

HELLINGER Er muss sich zuerst auf das beschränken, was er selber wahrnimmt. Dann lernt er Schritt für Schritt. Er bleibt in dem Rahmen, der ihm gemäß ist und in den er im Augenblick passt. Wenn er innerhalb dieses Rahmens bleibt, arbeitet er auch gut. Wenn er den Rahmen überschreitet, dann wird es für ihn und die anderen unangenehm. Aber solange er innerhalb seines Rahmens bleibt, ist das in Ordnung.

Als ich vor kurzem das Video „Was in Familien krank macht und heilt" angeschaut habe, das schon vor einigen Jahren aufgezeichnet wurde, habe ich mich gewundert, was ich in den Aufstellungen dort alles erkannt und bewirkt habe. Ich kann das überhaupt nicht aus dem ableiten, was ich meine Erfahrung nenne. In dem Augenblick, in dem man in einer Aufstellung steht, hat man ganz andere Kräfte und ganz andere Einsichten, als die, die man aus den Büchern und sonstigen Veröffentlichungen schöpft.

Das Wesentliche für jemand, der diese Arbeit lernen will, ist die Einübung in die demütige Grundhaltung und in die Zurückhaltung. Die kann er nicht von anderen erhalten, braucht es auch nicht. Wenn er offen ist, wird er langsam hinein geführt.

In einem Supervisions-Wochenende, das ich vor kurzem hielt, waren alle, die da gearbeitet haben, erfahrene Aufsteller. Es ging in fast allen Aufstellungen um Leben und Tod. Ich habe ihnen dann gesagt: Wenn ihr diese Arbeit anschaut und sie mit dem vergleicht, was manche machen, die leichtfertig an diese Arbeit herangehen, dann seht ihr den Unterschied in der Grundhaltung. Man kann damit nicht spielen und darf es auch nicht.

Die Bewegungen der Seele

HOHNEN Du sprichst oft von der leeren Mitte, in die sich der Therapeut zurückzieht. Aus ihr gewinnt er seine Einsicht. In dieser Mitte zeigt sich aber die Wahrheit, wie du beschrieben hast, nur kurz. Sie ist nicht beständig. Sie leuchtet auf. Wenn du jetzt ein Video von Aufstellungen siehst, die du vor drei, vier oder fünf Jahren gemacht hast und wenn du dich auf diesem Video mit Abstand beobachtest, kommt in dem Augenblick die Wahrheit wieder hoch?

HELLINGER Nein. Ich sehe den Ablauf, aber ich bin nicht engagiert, denn es ist vor mir keine Aufgabe. In dem Sinne tauche ich da auch nicht ein oder reflektiere noch einmal, wieso ich das oder jenes gemacht habe. Ich schaue es nur an und lasse es auf mich wirken.

HOHNEN In letzter Zeit machst du immer häufiger Aufstellungen, bei denen die Personen sich alleine nach ihrem inneren Impuls bewegen können. Ist das eine neue Entwicklung oder hast du solche Aufstellungen früher auch schon gemacht?

HELLINGER Es ist eine neue Entwicklung. Das geht aber in der Regel nur, wenn wenige Personen beteiligt sind, also zwei, vielleicht noch drei. Bei vier wird es schon schwieriger. Auch wenn der Therapeut die Stellvertreter ihrem Impuls überlässt, behält er doch die Führung in der Hand. Er sieht, zum Beispiel, ob eine Bewegung zu Ende geht oder ob sie blockiert ist. Dann greift er ein. Er ist also nicht passiv. Im Gegenteil. Der Therapeut ist mit eingebunden und setzt die notwendigen Schritte, wenn er gefordert ist.

ULSAMER Wenn jemand ohne Worte anfängt, ist eine besondere Intensität vorhanden. Dann gibt es einen Punkt, wo mancher Aufsteller es nicht mehr aushält und er zu den Worten übergeht. Es ist dann wie ein Bruch und damit verliert eine solche Aufstellung. Hängt es nicht sehr von der eigenen Entwicklung oder Kapazität des Therapeuten ab, wie weit er so eine Aufstellung zulassen kann?

HELLINGER Genau. Es ist auch so, dass die Klienten ein Gespür dafür haben, ob sie dem Therapeuten das Letzte zutrauen können oder nicht. Wenn es ein Therapeut noch nicht so gut kann, dann kommen zu ihm eher solche Klienten, denen er auch entsprechen kann. Umgekehrt, wenn ein Therapeut auch mit den schwierigeren Situationen umgehen kann, kommen zu ihm Klienten, die so etwas brauchen.

Von den Lebenden und Toten

ULSAMER Ein anderes neues Anwendungsfeld der Aufstellungen ohne Worte sind die kollektiven Aufstellungen. Hier stehen Personengruppen einander gegenüber, zum Beispiel Soldaten ihren Feinden. Auch da wirkt es erstaunlicherweise.

HELLINGER Eigentlich handelt es sich dabei nur um zwei Gruppen. Sie sind zwar durch mehrere vertreten, aber es sind nur zwei Gruppen. Auch da ist dieses Vorgehen oft angebracht.
Die Entwicklung ist hier noch nicht zu Ende, sie geht noch sehr viel weiter. Ich sehe, dass auch das Familienstellen an eine Grenze

kommt und dass bestimmte Lösungen über das Familienstellen allein nicht mehr gelingen. Man muss manchmal darüber hinaus gehen. In Barcelona habe ich das bei einer Aufstellung erfahren.

Es war so, dass der Stellvertreter des Klienten die Arme wie ein Engel hob, als wollte er abheben und wegfliegen. Das war für ihn unwiderstehlich. Auch nachdem ich ihn woanders hingestellt hatte, fing das wieder an. Das hatte etwas Verrücktes, etwas eindeutig Verrücktes. Aus der Aufstellung allein ergab sich dafür keine Lösung. Dann bin ich mit dem Klienten in einer Übung zu den Toten gegangen, ohne genau zu wissen, um was es geht. Als er aus der Übung wieder zurückkehrte, ging es ihm gut. Ich habe nicht nachgefragt. Offensichtlich hatte er Bilder gesehen, die seiner Seele gut getan haben.

Das ist ein Weg, der sich immer mehr als wichtig erweist. Dabei zeigen sich einige Muster. Ein Muster bei dieser Übung ist, dass der Tote, der einen anschaut, sich noch an einem Lebenden festhält, aber nicht an dem, den er gerade anschaut. Oft ist das aber verschoben. Die Frage ist nun: Wie kann sich der, an dem ein Toter haftet oder an den sich ein Toter heftet, aus dieser Verstrickung lösen?

Ein Weg ist, dass der Tote sich den Toten vor ihm zuwendet. Wo das gelingt, lässt er den Lebenden los und der Lebende kann sich lösen. Man sieht das in Familienaufstellungen, wenn Opfer auf den Boden gelegt werden und auf die Lebenden schauen. Man dreht dann ihren Kopf weg von den Lebenden und hin zu den anderen Toten vor ihnen. Danach können sich die Lebenden von den Toten abwenden und ihrem eigenen Leben zu.

Oft ist auch etwas in der Familie unerledigt oder die Familie schuldet dem Toten noch etwas. Es ist meistens nicht die Person, die aufstellt, die dem Toten etwas schuldet, sondern jemand aus der früheren Generation, zum Beispiel der Vater oder der Großvater. Dann muss man den Klienten zur Seite treten lassen und muss den Toten zu dem blicken lassen, um den es ihm geht. Oft sucht der Tote einen Halt wie ein Kind bei seiner Mutter. Wenn sich ein solches Bild ergibt, lässt man den Toten sich seiner Mutter zuwenden, und wenn die Mutter ihn gleichsam im Arm hat, dann kann sich der Lebende abwenden. Dieser Vorgang ist ähnlich, wenn der Tote sich seinem Bruder zuwenden muss oder seinen toten Kameraden oder sonst jemand anderem. Auch da gibt es auf diese Weise eine Lösung der Verstrickung.

Die Frage ist, wie das im Einzelnen am besten geschieht und welche Schritte man da gehen kann. Was *Anne Ancelin Schützenberger* so eindrucksvoll auf dem Kongress 1999 in Wiesloch demonstriert hat, sind eigentlich Verstrickungen der Lebenden mit den Toten. Es hilft nichts, nur die vergangenen Ereignisse ans Licht zu bringen, denn das ist nicht immer möglich. Es geht darum, einen Weg zu finden, der allgemein anwendbar ist und es jemandem ermöglicht, sich auch ohne weiteres Nachforschen aus solchen Verstrickungen zu lösen und sich dann dem Leben zuzuwenden. Das ist wie eine innere Reinigung.

ULSAMER Das wäre dann eine Art Ritual?

HELLINGER Es ist ein innerer Vorgang. Ein Ritual ist ja ein äußerer Vorgang. Man kann es aber als ein Ritual im Totenreich ansehen. Hier kann man nichts mechanisch machen, wie bei all diesen Dingen. Man muss wirklich damit in Kontakt sein und es langsam lernen.

Es gibt noch andere Methoden, mit Toten, die an den Lebenden haften, umzugehen. Eine ist, dass man die Toten, die einen anschauen, durch sich hindurch schauen lässt, indem man sich ganz durchlässig macht. Das geschieht, indem man gleichsam ganz weit wird und ganz dünn, wie eine Membran, so dass man sein Ich nicht mehr spürt. Durch sie geht der Blick des Toten ungehindert auf etwas jenseits von ihm und uns. Auf diese Weise löst man sich von ihm. Aber einfacher ist es, wenn man einfach zur Seite tritt, so dass man nicht mehr im Weg ist zwischen dem Toten und dem, wohin sein Blick geht und gehen muss.

Bleibt man bei der Vorstellung mit der Membran, bringt man sich selbst mit etwas Größerem in Einklang. Dadurch wird man von den Toten weggezogen in einen größeren Bereich und kann sie hinter sich lassen. Das ist dann so etwas wie ein spiritueller Weg.

HOHNEN Häufig hast du zum Ritual gemacht, dass einer sich vor den Toten oder vor dem Schicksal verneigt und ihm damit die Ehre gibt. Da warst du eher außen vor. Was jetzt neu hinzukommt, ist, dass du mit den Klienten ins Totenreich gehst.

HELLINGER Es hängt davon ab, um was es geht. Das erste hat seinen Wert, wenn es sich um etwas Nahes handelt und sich schon bedeutsame Veränderungen ergeben haben. Wenn, zum Beispiel, der Vater eines Klienten im Krieg gefallen ist, geht er noch einmal zu ihm hin, gibt ihm die Ehre, bittet um seinen Segen und sagt ihm, dass es gut weitergegangen ist.

Wenn ich den Vater aber bei seinen toten Kameraden lasse, verzichte ich auf das alles. Das ist noch einmal eine tiefere Schicht. Sie verlangt viel mehr und ist näher an der Wirklichkeit.

HOHNEN Auffallend ist, dass du darauf verzichtest zu fragen, was der Einzelne bei einer solchen Übung erlebt hat.

HELLINGER Dieser Verzicht ist ganz wichtig und ist eine äußerste Achtung vor dem, was ist. Ich schütze das vor jedem neugierigen Zugriff, auch vor meinem eigenen. Gerade dadurch hat es seine Würde und seine Kraft. Wer nachfragt, sucht oft etwas Schlimmes und überhebt sich heimlich darüber oder urteilt darüber. Erst wer jedem Urteil, jeder Wertung voll entsagt hat, kann darauf verzichten nachzufragen.

HOHNEN In letzter Zeit beobachte ich bei deinen Aufstellungen ein schönes Bild, das sehr viel Wirkung hat: Wenn die toten Kinder zu ihren Eltern kommen und von beiden Eltern gehalten und getragen werden. Bei der Aufstellung in Barcelona mit den hingerichteten Soldaten hast du die Eltern jeweils hinter ihre Söhne gestellt hast. In solchen Bildern ist der größte Frieden.

HELLINGER Es gibt noch ein weiteres Bild, das zu bedenken ist: Die Sehnsucht geht zum Urgrund. Die Eltern sind ein Bild des Urgrunds.

Auch über sie hinaus kann man sich direkt dem Urgrund anvertrauen. Man kann auch die Toten dem Urgrund anvertrauen, was immer das ist. Dieser Urgrund und die Erde sind weiblich, mütterlich. Oder man kann sagen: das Mütterliche ist ein Abbild dieses Urgrunds. Dadurch wird sichtbar, dass man nicht stehen bleibt beim Gehen zur Mutter, sondern dass die Bewegung noch weiter geht.
Um einmal wieder auf Rilke zurückzukommen. In der zehnten Elegie geht der Tote am Schluss einsam in die Berge des Ur-Leids, in das ganz Letzte hinein. Dort hört man auf.

ULSAMER Neben das Familienstellen, das sich bis jetzt auf bestimmte Weise entwickelt hat, tritt also jetzt Neues. Sind das die Verbindungen über mehrere Generationen hinweg zurück in uns unbekannte Bereiche? Oder werden jetzt Personen außerhalb unserer Familie einbezogen?

HELLINGER Ich glaube, ich kann über die bisherige Beschreibung des Vorganges nicht hinausgehen. Ich kann ihn nicht zusammenfassen, oder benennen. Man kommt mit etwas Größerem in Einklang und das Blickfeld weitet sich über die Lebenden hinaus, in einen größeren Zusammenhang. Man bewegt sich dann in einem noch größeren Feld – mit äußerster Vorsicht.

HOHNEN Du hast kürzlich gesagt, dass du in den Aufstellungen zwischen den Lebenden und Toten wandelst. In deiner Arbeit gehst du immer mehr auch in diesen Bereich hinein. Hat es Auswirkungen, wenn man so viel in diesem Grenzbereich wandelt?

HELLINGER Das hat es. Ähnlich, wie es einem Klienten passiert, dass er sich in etwas verstrickt fühlt, was ihn nichts angeht, kann es auch dem Therapeuten passieren, dass er verstrickt wird in etwas, was ihn nichts angeht. Das zu unterscheiden, wird vom Therapeuten erwartet. Dass er auf der einen Seite da mitgeht und auf der anderen Seite rechtzeitig aufhört und sich wieder ganz herausnimmt.

HOHNEN Wird nicht, je mehr man sich diesem Ur-Leid nähert, desto allgemeiner auch das Schicksal oder desto mehr ist es auch meines?

HELLINGER Nein. Dieses Letzte ist schicksallos.

HOHNEN Viele Therapeuten, die jahrelang Psychotherapie machen, vermeiden die Begegnung mit dem Tod. Was waren denn deine Zugänge?

HELLINGER Das kam über das Focussing. Im Grunde ist die Geschichte *Der Gast*, auf die du anspielst, eine Focussing-Übung. Als ich das Buch von Gendlin über Focussing gelesen habe, hat mich das sehr berührt, und ich habe dann in einigen Gruppen Focussing-Übungen gemacht. In einer setzt man sich seinem Tod aus. Ich habe das auch für mich persönlich gemacht und fand es eine sehr heilsame Übung. Manchmal habe ich mich auch dem Tod eines Klienten ausgesetzt, und sozusagen von seinem Tod auf eine Nachricht gewartet, auf einen Hinweis, der hilft.

HOHNEN Wie kamst du dazu, dich dem eigenen Tod auszusetzen?

HELLINGER Das hat keinen speziellen Hintergrund. Wir haben das in Gruppen gemacht, ich habe es dort auch für mich gemacht und habe gesehen, dass es eine heilsame Übung ist. Das ist alles.

ULSAMER Kannst du vielleicht einmal beschreiben, wie diese Übung konkret aussieht?

HELLINGER Man sammelt sich und stellt sich eine Person vor, zum Beispiel den toten Vater. Er steht in einiger Entfernung. Man schaut aber nicht genau hin, sondern ist nur gewahr, dass er dort ist. Man bleibt bei sich gesammelt und wartet. Nach einiger Zeit ergibt sich eine spontane Körperbewegung, zum Beispiel ein Seufzen. In dem Augenblick achtet man auf die Botschaft, die hinter dieser Körperbewegung ans Licht drängt. Diese Botschaft ist immer überraschend, nie das, was man erwartet.

Ich bringe dazu ein Beispiel: Eine jüdische Frau, deren Vater im Konzentrationslager umkam und deren Mutter überlebt hat, erzählt, dass ihre Mutter, nachdem sie sie geboren hatte, schizophren wurde. Sie hatte ihre schizophrene Mutter bereits vierzig Jahre lang bei sich zu Hause und pflegte sie. Großartig, was sie für ihre Mutter getan hat. Gleichzeitig war es für sie und ihre Familie natürlich auch eine unglaubliche Belastung. Diese Frau hat sich während einer solchen Focussing-Übung ihrer Mutter ausgesetzt. Am Ende kam von der Mutter zu ihr nur ein Wort: Barmherzigkeit. Dieses Wort hat sie für alles entschädigt.

Ich glaube, aufmerksames Familienstellen hat viel mit Focussing zu tun. Es geht in beiden um die gleiche Grundhaltung, dass man nicht so genau hinschaut, sondern es als Ganzes auf sich wirken lässt.

HOHNEN Du hast auch öfters den Tod aufgestellt. Und manchmal auch den Tod hinter dem Tod.

HELLINGER Mit dem Tod ist es ähnlich wie mit der Seele. Man erlebt die Seele in verschiedenen Dimensionen auf verschiedenen Ebenen, und genau so den Tod und die Bilder des Todes. Es kann in einer Aufstellung etwas sehr Vordergründiges oder etwas sehr Tiefes sein. Ganz in der Tiefe verschmilzt das Bild des Todes mit dem des Urgrunds, und lässt sich davon nicht mehr abheben.

Manche gehen mit dem Tod um als sei er ein Kumpan. Dann stelle ich hinter ihn den anderen Tod.

Es macht auch einen Unterschied, ob eine Frau als Tod gewählt wird oder ein Mann. Aber ich kann es nicht näher verdeutlichen.

ULSAMER Einmal hast du gesagt, der männliche Tod ist eher der unpersönliche. Du hast unterschieden, dass es manchmal Personen aus der Familie sind, die den Tod repräsentieren und dass manchmal der Stellvertreter wirklich ein Symbol für den Tod ist. Hast du dazu etwas in Erinnerung?

HELLINGER Ich sehe diesen Unterschied eher in Bezug auf Gott. Der weibliche Gott ist ein schlimmer, der männliche ein wohltuender.

Gott kann man natürlich nicht darstellen. Aber die Erfahrung zeigt, dass er in einer Familienaufstellung immer jemanden aus der Familie vertritt. Dabei vertritt der weibliche Gott meist jemanden in der Familie, der lebensfeindlich ist. Im Gegensatz zum Tod. Der Tod, wenn es der wirkliche Tod ist, vertritt niemanden aus der Familie. Insofern ist er größer und auch unerbittlicher.

HOHNEN Für Rilke gehört das Totenreich zum Ganzen. Das Jenseits gehört ebenso zum Ganzen wie das Diesseits. Das Diesseits wird nicht durch die Beschäftigung mit dem Jenseits verändert, weil ja schon das Jenseits von vornherein im Ganzen eingeordnet ist.

Manche haben bei einer Familienaufstellung das Bild, wenn wir uns mit dem Jenseits beschäftigen, könnten wir dadurch das Diesseits verändern. Oder umgekehrt.

HELLINGER Das sind allgemeine Gedanken. Ich beschränke mich lieber auf das, was in der Beschäftigung mit den Familien unmittelbar ans Licht kommt. Dabei zeigt sich, dass die Toten sowohl gut wie schlimm in das Diesseits herein wirken und dass die Beschäftigung mit ihnen hier zu Lösungen führen kann. So seltsam das klingt, – so wenigstens kommt das bei den Aufstellungen ans Licht – auch die Toten spüren eine Erleichterung, wenn etwas in der Familie gelöst wird, als gehörten sie noch dazu. Aber, das ist eine vordergründige Sicht von Lebenden und Toten, von Leben und Tod.

HOHNEN Mir war einige Zeit lang nicht klar, wenn eine Aufstellung läuft und im Diesseits und Jenseits verändernd wirkt, ob damit nur die inneren Bilder des Klienten verändert werden, oder ob sich wirklich im Jenseits wie im Diesseits etwas ändert? Du hast mir damals gesagt, es ist dir ganz klar, dass sich wirklich etwas ändert.

HELLINGER Wenn jemand die Toten aufstellt, stellt er keine Bilder von ihnen auf. Er stellt die Personen auf, er stellt die Toten selber auf.

Wenn wir aufstellen, dann verschieben wir nicht die inneren Bilder, die einer hat, wir verschieben die Toten.

Heidegger bringt ein Beispiel über Wahrnehmung. Er sagte, er war auf dem Feldberg. Dort oben ist ein Turm. Wenn er jetzt nach Hause geht und stellt sich den Turm auf dem Feldberg vor – wo ist der Turm? Der Turm ist auf dem Feldberg, und er ist mit seiner Wahrnehmung bei dem Turm. Es ist nicht der Turm vom Feldberg zu ihm gekommen und ihm jetzt als Bild präsent. Wenn er von dem Turm spricht, spricht er nicht von einem Bild, das er hat, sondern er spricht von dem Feldberg-Turm.

So ist es hier auch. Wenn wir die Toten aufstellen, sind wir im Bereich der Toten. Was du fragst, ist natürlich die philosophische Grundfrage überhaupt, die in den Kontroversen über diese Arbeit eine Rolle spielt. Haben wir die Wirklichkeit in uns nur als Bilder? Beschäftigen wir uns im Grunde nur mit inneren Bildern, oder mit etwas außerhalb von uns? Sind wir bei unserer Erkenntnis woanders, als in uns selbst? *Rupert Sheldrake* sagt: Wenn wir einen Stern anschauen oder uns an ihn erinnern, sind wir bei dem Stern, dann ist nicht der Stern in uns.

ULSAMER Konkret: Wenn ich weiß, dass die Toten tot sind und dass ihre Körper verwest sind, wenn es schon eine Weile her ist, ist das ja auch Realität. Wenn wir so reden wie hier, dann ist es so, als ob diese Realität gar keine Rolle mehr spielt. Sind es dann ihre Geister, die noch da sind? Ich fühle mich unbehaglich mit dieser Beschreibung, denn ich sehe diese Realität.

HELLINGER Die Vorstellung hier ist, die Toten sind verwest und damit weg. Und es gibt das Bild, dass die Seele den Körper verlässt. Ich kann dazu nichts sagen. Man sieht aber in den Aufstellungen und auch sonst, dass die Toten wirken. Von den Bildern über sie allein kann diese Wirkung nicht ausgehen. Es kann sich also nicht um ein Bild handeln. Inwieweit da noch der Körper eine Rolle spielt, weiß ich nicht.

Diese Frage ist für die Therapie oder für eine Familienaufstellung irrelevant. Sonst gehe ich in dem Augenblick weg von dem, womit ich befasst bin und mache mir theoretische Gedanken. Wenn du dir bei einer Aufstellung Gedanken machst wie „die sind nicht da, sie sind ja alle verwest", was kannst du dann noch bewirken?

ULSAMER Aber, wenn ich beschreibe, was ich in der Aufstellung sehe, erlebe ich, dass zunächst jemand Stellvertreter auswählt für die Toten. Dann sehe ich, dass diese Stellvertreter an einem bestimmten Platz Emotionen haben, die ich nicht erklären kann. Dann sehe ich, wenn ich bestimmte Schritte gehe, zum Beispiel auf Achtung hin durch eine Verneigung, dass sich etwas löst, sich so etwas wie Frieden in den Personen entfaltet, die dastehen. Irgendwann höre ich dann mit der Aufstellung auf. Der Klient sitzt da und hat die ganze Zeit zugesehen. Mehr weiß ich eigentlich nicht.

HELLINGER Mehr weiß ich auch nicht. Ich will auch nicht mehr wissen. Was du natürlich noch machen kannst, ist, den Toten zu den anderen Toten gehen zu lassen und dann die Wirkung davon auf ihn und die anderen Toten zu sehen. Wenn du danach nochmals die Wirkung auf die Lebenden anschaust, ist das noch einmal ein Schritt weiter. Aber alles bleibt im Bereich des Phänomenologischen dessen, was sichtbar und nachprüfbar ist. Was darüber hinaus geht, gehört für mich zur Nacht des Geistes. Das heißt, darauf zu verzichten, mehr wissen zu wollen, als sich zeigt.

Aus der Fülle des Seienden oder der Wirklichkeit taucht plötzlich etwas auf, wird aus dem Verborgenen unverborgen und erfahrbar als Wahrheit oder Einsicht. Das, was dahinter ist, stützt und trägt das, was ans Licht kommt. Das hinter den Erscheinungen Verborgene ist bei weitem größer, als das, was sich zeigt. Wir können es nicht wissen. Es genügt, wenn das Verborgene als eine begrenzte Erscheinung oder Einsicht ans Licht kommt, sich unverborgen zeigt. Man nimmt, was sich von sich aus zeigt, und lässt es dann wieder ins Verborgene sinken. Dann ist man im dauernden Austausch mit etwas untergründig Verborgenem. Das hat eine sehr beruhigende Wirkung und ist jenseits der Neugierde.

Wenn ich etwas für mein Handeln oder für mein Leben brauche, steigt wieder etwas aus dem Verborgenen hoch, genauso viel wie ich brauche, und sinkt wieder zurück. Sobald ich mir jedoch eine Theorie darüber zurechtlege, habe ich nicht mehr die volle Offenheit für das, was sich mir unmittelbar zeigt.

Von der Stille und der Arbeit

ULSAMER Diese Grundhaltung hast du wahrscheinlich im Laufe des Lebens entwickelt. Was ist wichtig, um eine solche sichere Haltung zu erlangen und sich nicht zu verirren und verwirren mit dem, was uns in den Aufstellungen begegnet.

HELLINGER Als Vorbereitung auf das Ordensleben war ich ein Jahr lang in einem Noviziat. Dort hat man ein ganzes Jahr im Grunde nichts anderes gemacht als geistliche Übungen wie Meditation, Gebet, geistliche Lesungen, und sich mit der abendländischen Geschichte der Mystik befasst. Das war eine strenge Schule. Nach einiger Zeit macht man die Erfahrung, dass man von der Vielfalt der Übungen wegkommt, und dass man zum Beispiel keine Gebete mehr spricht, sondern ruhig und aufmerksam schaut – ins Leere, ganz gesammelt. Das ist vergleichbar mit der Grundhaltung für das phänomenologische Wahrnehmen.

Wenn man in der strengen Schule eines Noviziats solche Übungen macht, gibt es die Erfahrung der Tröstung. So nennt man die Glücksgefühle, die oft dabei auftauchen. Diese Glücksgefühle sind der erste große Stolperstein auf dem Weg zur Leere. Man muss sie hinter sich lassen. Dann wird etwas ganz still. In der Gebetshaltung zeigt sich so etwas wie Hingabe. Man sieht diese Hingabe, wenn man ein Kind anschaut an der Mutterbrust, wie es in die Augen der Mutter schaut. Diese Hingabe im Gefühl des Kindes gegenüber der Mutter wird beim Gebet erweitert auf etwas Universelles. Mit dieser Hingabe sind ähnliche Glücksgefühle verbunden, wie sie das Kind gegenüber seiner Mutter hat. Das ist jedoch gleichzeitig gefährlich. Es ist nämlich nicht der volle Weg.

Weiter führt, wenn man auch auf die Hingabe verzichtet und nur ganz still wird mit ruhiger Aufmerksamkeit, ohne irgendein ablenkendes Gefühl. Diese Grundhaltung ist auch in Familienaufstellungen möglich. Sie ermöglicht die kurze innere Sammlung, doch ohne dass man Ziele hat, und kommt so mit etwas Verborgenem in Verbindung. Daraus kommen dann oft die weiterführenden Einsichten, die Lösungsbilder und die Lösungsschritte.

Über Spiritualität und Schuld

HELLINGER Viel von dem, was als *Spiritualität* bezeichnet wird, ist eigentlich Sehnsucht nach der Mutter, und hat mit dem eigentlichen Spirituellen wenig zu tun.

Das Bedürfnis nach dem All-eins-sein ist ein Bedürfnis vom Kind zur Mutter. Auch Freud hat gesehen, dass das Religiöse manchmal eine solche Bewegung ist.

Das Spirituelle ist ein stilles Achten auf den Hintergrund, der unerfahrbar bleibt. Mehr nicht. Es hat daher auch keine Absicht.

Natürlich kann es sich wandeln. Alles Spirituelle beruht letztlich auf Reinigung. Man unterwirft sich der Reinigung, der Läuterung. Das kann man nicht üben, sondern es ergibt sich aus dem Lebenslauf, aus den Schicksalsschlägen, aus den Krisen. Dann fällt das andere langsam ab. Es ist auch so, dass das Spirituelle dann ebenfalls in seine Krise kommt. Denn auf gewisse Weise ist sehr viel Spirituelles eine Abwehr von Schuld, auch von mörderischer Schuld. Das mag merkwürdig erscheinen, aber man muss das sehen.

Viele der großen Spirituellen haben getötet. Ignatius hat natürlich getötet und Franziskus und wahrscheinlich auch Luther.

ULSAMER Was heißt das: das Spirituelle als Abwehr von Schuld? Du hast auch früher gesagt, das einzige, was dem Mörder bleibt, wenn er seine Schuld sieht, ist ein solches anderes Leben.

HELLINGER Ja, das ist aber etwas anderes, noch nichts Spirituelles, sondern gewöhnliche Hilfsbereitschaft. Ich mache Beobachtungen. Ich beobachte auch Kirchenmänner, die in der Öffentlichkeit auftreten, Pastor Niemöller zum Beispiel. Er war Widerständler, aber er war auch U-Boot-Kommandant. Wie viele Leute hat er auf dem Gewissen? Ich frage mich dann immer, wieviel Tod haben sie verursacht. Auch *Graf Dürckheim* war Offizier. Er bekam das Eiserne Kreuz und war stolz darauf. Worauf war er denn stolz? Das wird dabei völlig ausgeklammert.

Wenn solche Menschen die Toten anschauen, wird alles anders – viel bescheidener. Das hat dann eine andere Größe.

Worum es mir geht: dass man die so genannte Spiritualität nüchtern betrachtet und sich vom äußeren Schein nicht täuschen lässt. Am Ende bleibt das, was allen gemeinsam ist – etwas ganz Stilles. Das Schönste, was ich überhaupt darüber gelesen habe, ist ein Buch von Stefan Zweig „Die Augen des ewigen Bruders". Es ist so liebevoll und doch entlarvend. Vieles, was als groß und spirituell gilt, wird in diesem Buch liebevoll entlarvt. Ein wunderbares Buch.

ULSAMER Du hast einmal gesagt, das Mütterliche sei ein Abbild des Urgrunds. Ich bin da hängen geblieben. Ist es dasselbe wie der Todestrieb bei Freud?

HELLINGER Nein. Man merkt sofort, das Wort „Todestrieb" hat keine Kraft. Aber „Sehnsucht nach dem Urgrund", das hat Kraft. Man geht eigentlich in eine Bewegung von Ergebung, wie wenn man mitgetragen wird auf etwas hin, so wie der Fluss Sehnsucht hat nach dem Meer. Daher fließt er einfach, bis er das Meer erreicht. In dem Sinne könnte man das sagen. Was die Sehnsucht nach dem Urgrund ist, siehst du, wenn jemand schwer krank ist. Auf einmal merkt man, er hat jetzt abgeschlossen. Seine ganze innere Bewegung geht eigentlich nur noch auf den Tod und auf das, was dahinter ist. Ganz still wird er dann, ganz friedlich. Das wäre ein Bild dafür.

ULSAMER Siehst du das als Metaphern, wenn du sagst, „das Mütterliche ist ein Abbild des Urgrunds", oder den anderen Satz „über die

41

Achtung vor dem Weiblichen bekommt der Mann Zugang zur Tiefe der Seele"? Hängt das miteinander zusammen oder ist das etwas Unterschiedliches? Ist es dieses männlich/weiblich, ist das ein Prinzip?

HELLINGER Für mich hat das Weibliche etwas Fülligeres als das Männliche. Der Zugang zum Leben als solchem geht eigentlich über die Achtung des Weiblichen und des Mütterlichen. Für mich hat auch das Spirituelle, haben die spirituellen Gefühle, weitgehend zu tun mit dem Mütterlichen. Wenn man Erleuchtung sucht oder die Sammlung oder diese Leere, dann ist das sozusagen eine Hinwendung zum Weiblichen. Auflösung ist weiblich. Im Schoß aufgelöst, sozusagen. Das Nirwana ist weiblich. Das sind alles weibliche Metaphern. Deswegen sind diese Bilder auch für das eigentlich Spirituelle gefährlich. Denn da bleibt man sozusagen innerhalb des Irdischen, der Bilder. Das eigentlich Spirituelle müsste etwas darüber hinaus sein, jenseits des Weiblichen. Also: die Spirituellen bewegen sich oft innerhalb des Weiblichen.

HOHNEN Du hast früher in Aufstellungen die Mörder vor die Tür gewiesen. Das machst du heute nur noch ganz selten. Was hat dich dazu veranlasst, dass die Mörder jetzt „drinnen" bleiben können?

HELLINGER Das Entscheidende ist, dass ich den Mörder jetzt zu den Toten bringe und sich zu den toten Opfern legen lasse. Wenn ich ihn aus der Tür weise, ist das ein Zeichen, dass er in der Familie selber keinen Platz mehr hat, und dass er die Familie verlassen muss. Wenn er sich jetzt zu den toten Opfern legt und sich ihnen stellt, kommt für ihn etwas Heilendes in Gang. Das ist nicht immer leicht, es gibt manchmal viele Umwege. Aber wenn der Mörder sich dem stellt und die Toten miteinander verbunden sind, dann schaut ihn die Familie in dem Moment auch an – und wendet sich dann ab und lässt ihn bei seinem Opfer. Deswegen ist das Endergebnis das gleiche. Die Familie ist dann von ihm getrennt und auch von seiner Schuld getrennt. Das zeigt sich als ein guter Weg zur Lösung. Das andere war ein Schritt auf dem Weg dorthin.

HOHNEN Du hast einmal gesagt, die Toten, die durch jemand aus der Familie umgekommen sind oder einen Schaden erlitten, gehören zu diesem System dazu.

HELLINGER Da sind mehrere Schichten zu beachten. Man muss die Ausgeklammerten und auch die Toten, zum Beispiel die früh verstorbenen Kinder wieder in die Familie hereinholen, sonst werden die Lebenden mit den Toten verstrickt. Wenn die Toten geachtet sind, sind die Lebenden von der Verstrickung frei und die Toten können tot sein. Sie sind dann auch frei. Wenn sie ganz frei sind, kommen sie oft zurück als gute Geister. Aber nur für eine Zeit und dann muss auch das vorbei sein, so dass sie wirklich ihr Sterben vollenden können. Man darf sie nicht festhalten. Das ist der eine Aspekt.

Der andere Aspekt ist, dass die Toten unter sich etwas ausmachen, was die Lebenden gar nichts angeht. In diesem Sinne wenden sich die Lebenden von den Toten ab. Man lässt die Toten ziehen, und man wendet sich dann von ihnen ab. Die schlimme Wirkung, die manchmal von den Toten ausgehen kann, ist dann unterbrochen.

Von neuen Herausforderungen

ULSAMER In deiner Arbeit entdecke ich verschiedene Phasen. Eine davon war das Familienstellen mit Kranken. Als nächste kamen dann plötzlich die vielen Verwicklungen mit dem Dritten Reich, die Mörder und die Opfer. Dann war auch das wie entfaltet und ich hatte das Gefühl, jetzt ist es abgeschlossen und eigentlich ist die Arbeit rund. Jetzt kommen die *internationalen Themen*. Hattest du immer wieder einmal das Gefühl, jetzt ist es abgeschlossen, und dann kommt es doch immer wieder neu? Oder war dir das von vornherein klar?

HELLINGER Mit Kranken habe ich viel gearbeitet. Ich denke, da kann ich jetzt nicht mehr viel wesentlich Neues entdecken. Natürlich arbeite ich auch weiter mit Kranken und mache immer wieder neue Erfahrungen. Aber es nimmt mich nicht mehr so gefangen, wie das vorher der Fall war. Jetzt interessieren mich die Dynamiken bei den Psychosen. Das ist die nächste Herausforderung. Da kommen noch ganz andere Bilder von Verstrickungen hoch. Das beschäftigt mich jetzt und ich bin im Austausch mit anderen, um zu sehen, was es Gemeinsames gibt.

Über den Krieg

HOHNEN Sturmhelm und Jägerhorn. Der Mann als Krieger. Ab und zu sagst du etwas dazu.

HELLINGER So wie die Frauen heute nicht mehr so viele Kinder haben können, können die Männer ihren Krieg nicht mehr haben, in dem sie sich bewähren. Weder die Frau muss sich mehr an vielen Kindern bewähren, noch muss der Mann sich im Kampf bewähren. Bei den Germanen war der Heldentod der normale Tod. Wer den nicht erlitten hatte, galt nicht ganz als Mann. Das kam von den merkwürdigen Bildern, die sie hatten. Ich finde das nicht erstrebenswert. Aber die männliche Kraft ist eine Kriegerische in dem Sinn, dass sie die Familie verteidigt. Das ist das Ursprüngliche. Die Männer stehen zusammen wie bei der Jagd, die früher etwas Kriegerisches hatte. Das ist Männerhandwerk und hat etwas Gutes in sich. Diese aggressive Kraft verlagert sich heute oft in die Geschäftswelt, in den Konkurrenzkampf, dort aber ohne die Kraft, die das eigentlich Kriegerische hat, wo es um Leben und Tod geht und man seinen Mann stellt. Diese Bereitschaft zum Kriegerischen, wo es angebracht ist, steht einem Mann gut.

HOHNEN Auch eine Bereitschaft zum Töten?

HELLINGER Das ist mir zu krass ausgedrückt. Man könnte es eine Bereitschaft zum Letzten, wo es notwendig ist, nennen. Wer vor dem Letzten zurückschreckt, ist kein Krieger. Doch manchmal genügt es zum Erfolg, wenn sich ein Krieger einfach hinstellt – wenn er bereit ist zum Letzten.

ULSAMER Das ist die alte Haltung. Aber wie du gerade gesagt hast, ist sie heute nicht mehr angebracht, denn diese Zeit ist anders.

HELLINGER Nein, ich meine das auch für heute im Alltag, dass einer die Kraft hat, sich als Krieger hinzustellen, wo es notwendig ist. Das kann ganz konkret werden. Wenn es, zum Beispiel, einen Überfall auf der Straße gibt oder ein Einbrecher da ist. Oder auch in anderen Situationen, in denen es manchmal erforderlich ist, dass einer sich gerade hinstellt.

HOHNEN Die Krieger sind ja Soldaten geworden. Das ist auch ein besonderes Thema bei dir.

HELLINGER Die Soldaten sind nicht das gleiche wie Krieger. Die Soldaten sind gepresst und werden dann verheizt. Was in den großen Kriegen passiert, ist schlimm. Aber in der konkreten Situation erweisen sich Soldaten oft auch als Krieger im guten Sinn. Sie retten jemanden oder stehen für jemand ein. Ihre Kameradschaft hat etwas Großes an sich.

HOHNEN Du hast einmal gesagt, dass das Thema des Holocaust das andere Thema der vielen Millionen toten Soldaten überdeckt. Allein in Russland waren es zwanzig Millionen tote Soldaten, in Deutschland vier Millionen.

HELLINGER Die zwanzig Millionen Tote in Russland waren nicht nur Soldaten, es wurden ja auch viele von der Zivilbevölkerung umgebracht. In Deutschland waren es vier Millionen tote Soldaten und auch viele aus der Zivilbevölkerung.

Ich betrachte den Holocaust nicht als etwas, das man gegen das andere aufrechnen darf, denn der Holocaust hat durch die geplante Vernichtung eines ganzen wehrlosen Volkes etwas außerordentlich Grausames und in dieser Hinsicht unvergleichlich Schlimmes an sich.

Es ist aber klar, dass bei jenen, die im Krieg waren und erlebt haben, wie viele ihrer Kameraden umkamen und wie viele ihrer Fein-

45

de – so ein Schlachtfeld war ja manchmal übersät von Toten – die Schicksalsgemeinschaft mit den Toten lebendig weiterwirkt und sich zum Teil auch auf die Nachkommen überträgt.

Ich könnte mir vorstellen, dass ein großer Teil des Rechtsradikalismus, den man heute so anprangert, sich mildern würde, dass ihm sehr viel an Boden entzogen würde, wenn es gelänge, die toten Soldaten, die eigenen und die anderen, als ein gewaltiges Heer von sinnlos Getöteten zu sehen, um die man dann trauert und die man ehrt. Ich würde mir davon eine wohltuende Wirkung erwarten. Dann wird auch das Männliche in seiner Größe und in seinem Leid gesehen, nicht nur das Weibliche. Beides wird dann zusammen gesehen und in diesem großen Zusammenhang braucht das Männliche dann nicht auf diese verzerrte Weise hervorgekehrt werden.

Man hat die Soldaten nach dem Krieg oft verachtet, ohne zu sehen, was sie erlebt und erlitten haben. Damit geht unglaublich viel Kraft verloren. Man muss es aber auch zusammen mit den anderen Aspekten sehen, dass viele Soldaten zu Tätern an der Zivilbevölkerung geworden waren, vor allem in Russland. Daher muss man auch die Soldaten zusammen mit ihren Opfern sehen, den Feinden und den wehrlosen Zivilisten, und man muss sie im Totenreich zueinander finden lassen, bis sie einander gleich geworden und so im Frieden miteinander sind. Dann kann man nach einiger Zeit auch das in Ruhe lassen, und die Lebenden wenden sich jetzt Neuem zu.

Das Erinnern in dem bloß negativen Sinn – was haben die einen angestellt und was haben die anderen angestellt – tut den Seelen nicht gut.

HOHNEN In den Aufstellungen ist immer wieder zu beobachten, dass ein schlimmes Schicksal eine Generation überspringt. Die Enkel nehmen es auf, nicht aber die Kinder. Wie erklärst du dir das?

HELLINGER Erklären kann ich das nicht. Ich sehe nur, dass solche, die Schlimmes erlebt haben, es nicht mehr hochholen können, weil es als Trauma zu verletzend war. Sie klammern es aus und werden damit auch starr. Die Nachkommen können das Schlimme fühlen, das beim Vater oder der Mutter ausgeklammert ist, manchmal aber in verzerrter Weise.

Bei Familienaufstellungen kommt in diesem Zusammenhang etwas Heilendes ans Licht. Wenn die Stellvertreter der Eltern hinschauen, auf das was war, auf die vielen anderen Opfer und auf die Täter, und beide im Totenreich beieinander lassen können, dann kann ihr Erleben auch für die Nachkommen vorbei sein. Das ist ein Weg dahin.

ULSAMER Häufig ist das Herz der Eltern bei den eigenen Kindern noch verschlossen. Bei den Enkeln öffnet es sich viel leichter und umgekehrt auch. Wenn es Urenkel sind, öffnen sich Urgroßvater oder Urgroßmutter fast immer. Es scheint so etwas wie eine gegenseitige, liebevolle Verbindung zu geben, die dann eine Generation oder manchmal auch zwei überspringt. Vielleicht ist das mit ein Grund, warum die Enkel eher etwas übernehmen als die eigenen Kinder.

HELLINGER Es genügt, wenn man sieht, dass so etwas vorkommt und dann eine gute Lösung sucht.

Über Schuld und Unschuld

ULSAMER Das Gewissen und die Schuld spielen in deinem Werk eine wichtige Rolle. Von der Bedeutung und der Funktion der Gewissen war schon die Rede. Welche Bedeutung hat die persönliche Schuld, die man als Erwachsener auf sich lädt. Eine Aufstellung war für mich wichtig: Ein Amerikaner, der von deutschen Eltern abstammte, stand im Krieg vor der Entscheidung: Kämpfe ich als amerikanischer Soldat gegen Deutschland oder flüchte ich? Er hat sich dazu entschieden, als Soldat zu kämpfen. In der Aufstellung habe ich ihm als Sätze vorgeschlagen: „Ich habe nur zwei Möglichkeiten und mit jeder davon lade ich Schuld auf mich. Ich treffe die bestmögliche Entscheidung und nehme die Schuld, die sie mit sich bringt, auf mich."

Da hatte ich den Eindruck, dass es zum Menschsein gehört, immer wieder in ein solches Dilemma zu kommen. Wie auch immer du dich entscheidest, du lädst Schuld auf dich. Das gilt es anzunehmen.

HELLINGER Genau. In Amerika hatten wir in einem Kurs eine Japanerin, deren Vater im Krieg für die amerikanische Aufklärung mit gearbeitet und die japanischen Texte entschlüsselt hat. Für die amerikanische Kriegsführung war das natürlich sehr wichtig. Doch sein Schuldgefühl gegenüber Japan war unglaublich stark.

Die Lösung ist: Man verneigt sich vor denen, gegenüber denen man schuldig wurde. Man stimmt der Unausweichlichkeit zu und handelt, auch wenn man schuldig wird. In „Ordnungen der Liebe" habe ich den Fall eines deutschen Soldaten beschrieben, der zu einem Erschießungskommando abkommandiert war, das gefangene Partisanen erschießen sollte. Er hat sich geweigert, ist zu den Partisanen gegangen und wurde selber mit ihnen erschossen. Das ist genau das gleiche Dilemma.

Hier ist zu bedenken: Wenn man zu einer Gruppe gehört, aus der man nicht entfliehen kann, ist man in das Schicksal dieser Gruppe eingebunden. Ich kann dem manchmal nur entgehen, indem ich untergehe.

ULSAMER Ich habe vor ein paar Monaten im „Spiegel" ein Interview mit Außenminister Fischer über den Kosovo gelesen. Darin sagte Fischer: Indem wir beschlossen haben, Serbien zu bombardieren, haben wir die einzig richtige Entscheidung getroffen. Mir kam das wie ein solches Dilemma vor, bei dem es keine Entscheidung gibt ohne Schuld. Dieses Bedürfnis nach Unschuld – was ist das? Ist das ein Bedürfnis, unschuldig zu bleiben wie ein Kind?

HELLINGER Ja, es ist kindlich. Alle Großen stimmen der Schuld zu. Alle, die Entscheidungen treffen müssen, vor allem Politiker, oder Generäle im Krieg, stimmen dem zu. Sie haben zugestimmt, dass Schuld unausweichlich ist und stellen sich dem mit allen Konsequenzen.

Das Unschuldige ist eingleisig und im Handeln gehemmt. Man hatte im Kosovo Angst, Bodentruppen einzusetzen, weil man meinte, dann schuldig zu werden, weil das ja dann viele Opfer gekostet hätte. Aber wieviel Opfer das bei denen gekostet hat, die man beschützen wollte, wurde nicht gesehen. Indem man das von vornherein ausgeschlossen hat und die Bereitschaft zu diesem Wagnis und dieser Verantwortung nicht da war, war man geschwächt.

ULSAMER Was geschieht, wenn jemand seine Schuld auf sich nimmt? Ist das ein Gefühl von Alleinsein? Ich bin ja dann getrennt, denn ich verliere eine Unschuld, die mich mit einer Gruppe verbinden würde.

HELLINGER Die Lösung liegt auf der höheren Ebene. Gewissen und damit Schuld und Unschuld haben immer mit den Beziehungen zu einer Gruppe oder zu Personen zu tun. Das heißt, wir fühlen uns unschuldig, wenn wir uns so verhalten, dass diese Beziehungen gewährleistet sind, und wir fühlen uns schuldig, wenn wir diese Beziehungen gefährden. Das heißt aber auch, dass das Gefühl von Unschuld und Schuld sich nur auf bestimmte Personen oder Gruppen bezieht und andere ausschließt. Von daher also das Dilemma, dass gegenüber der einen Gruppe durch das gleiche Verhalten ich mich unschuldig fühle und gegenüber einer anderen Gruppe als schuldig. Die Lösung in einem solchen Fall verlangt, dass ich statt auf der Ebene der einen Gruppe zu bleiben oder einer Person etwas zuzumuten oder anzutun, auf eine höhere Ebene gehe, indem ich beide Gruppen anerkenne. Ich stelle mich also dem Dilemma und vertraue darauf, dass auf der höheren Ebene etwas Versöhnendes geschieht, wenn auch vielleicht nicht sofort. Der Verzicht auf Unschuld, der ernst ist in einem solchen Dilemma, führt zu einer persönlichen Entwicklung. Und jedes Festhalten an einer Unschuld um jeden Preis, führt zu einer Verkümmerung. Wer sich dem Dilemma stellt, auch um den Preis der Schuld, kann vorwärts gehen und gewinnt an Kraft.

HOHNEN Wenn wir die Widerstandskämpfer ehren, wollen wir damit an diesem kindlichen Gefühl der Unschuld festhalten?

HELLINGER Wir wollen an unserer Unschuld festhalten, das ist es.

HOHNEN Das hieße, was die Widerstandskämpfer und ihre Ehrung betrifft, müssten wir anerkennen, dass auch die andere Gruppe, die sie bekämpften, auf ihre Weise sich unschuldig fühlte. Wer für unschuldig und gut erklärt wird, das hängt davon ab, wer am Ende gewinnt?

HELLINGER Beide Seiten sind auf ihre Weise verstrickt und – systemisch gesehen – in diesem Sinne gleich. Wenn wir die einen ehren, überheben wir uns über die anderen und bleiben damit innerhalb der Grenzen von Unschuld und Schuld, die die eine Gruppe gegen eine andere ausspielt und damit der Versöhnung entgegensteht.

Ich habe vor kurzem einen Brief bekommen, dem ein Artikel aus einer homöopathischen Zeitschrift namens „Einblicke" beigelegt war. Darin beschreibt der Autor einen Workshop mit einem chassidischen Lehrer. Dieser Lehrer sagte eines Abends, dass das jüdische Volk erst dann seinen Frieden mit sich selbst, mit seinen arabischen Nachbarn und mit der Welt findet, wenn auch der letzte Jude für Hitler das Totengebet gesprochen hat. Das ist groß. Hier hören unsere gängigen Unterscheidungen von Gut und Böse auf. Der Autor schildert weiter wie die Teilnehmer – die meisten von ihnen waren Juden – diese Belehrung sprachlos und erschüttert verließen. Am nächsten Morgen, immer noch durch diesen Satz zutiefst verunsichert, trafen sie sich wieder, als einer der Teilnehmer, ein Psychoanalytiker aus New York, dessen Familie von den Nationalsozialisten ermordet worden war, in den Raum kam. Mit seinem Eintreten veränderte sich die Atmosphäre der Gruppe, sein Gesicht gezeichnet von Tränen und Kämpfen einer schlaflosen Nacht, strahlte einen Frieden und ein Heil aus, und alle wussten, was er später bestätigte, dass er an diesem Morgen, sich selbst besiegend, dieses Totengebet für Adolf Hitler gesprochen hatte.

Ähnliches gilt auch für die Therapie, insbesondere für das Familien-Stellen. Nur, wenn man jenseits von Gut und Böse jeden in seinem Schicksal und in seiner Verstrickung achten kann, ist diese Arbeit möglich. Die Guten sind nicht weniger verstrickt als die Bösen.

Und die Bösen sind nicht mehr verstrickt als die Guten. Auf dieser Ebene sind sie gleich.

HOHNEN Einmal ganz konkret! Dann müssten wir Deutschen ja auch ein Totengebet für Hitler sprechen. Was heißt das, was ist das?

HELLINGER Dass man ihn aufnimmt in die Gemeinschaft, als einen von uns. Das heißt es. Und zwar mit Mitleid. Das nimmt nichts weg von der Schuld und von der Verantwortung. Aber man sieht, dass einer, der eine solche Schuld auf sich geladen hat, einen unendlich langen Weg hat, bis er Frieden findet. Viel länger als die Opfer. Doch man kann ihn nicht ausklammern. Wo soll er denn hin?

HOHNEN Also, ähnlich wie wenn ein Mörder in der Familie ist, der jemanden in der Familie umgebracht hat. Auch die gehören zusammen und auch die gehören zu uns.

HELLINGER Ja genau. Man kann auch ihn nicht ausklammern.

HOHNEN Und wie ist es, wenn wir uns dann zurückziehen?

HELLINGER Das geht bei Hitler nicht. Wir müssen ihn aufnehmen.

HOHNEN Das heißt, es ist anders, als im System der Familie oder in der Sippe? Oder ist es letztendlich, auch wenn wir zurückgehen in die Sippe, der Mörder in der Sippe bleibt?

HELLINGER In San Francisco im Holocaust-Center hat eine Überlebende des Konzentrationslagers Dachau erzählt, wie es für sie keine Schwierigkeiten mehr gibt, nach all diesen schweren Erfahrungen, Hitler in ihrer Seele einen Platz zu geben.

HOHNEN Wenn wir an das Beispiel von dem Soldaten denken, der sich weigerte, die Partisanen zu erschießen und dann selbst mit den Partisanen erschossen wurde: Hat ein solcher Tod unterschiedliche

Auswirkungen auf die Nachkommen? Ist da bei den Nachkommen eher eine anmaßendere Haltung?

HELLINGER Ich kann das nicht beurteilen. In diesem Zusammenhang muss man natürlich beachten, dass die Partisanen auch getötet haben. Dieser Soldat sah sie vielleicht als unschuldig, während sie genauso schuldig waren wie die anderen.

ULSAMER Es ist doch ein Unterschied, ob ich als Partisan meine Heimat verteidige, oder ob ich als Aggressor komme und zerstöre?

HELLINGER Wenn ich auf der Ebene der Phänomene bleibe, kann ich nur sagen: Jeder in seiner Gruppe ist gerechtfertigt. Jeder gehört seiner Gruppe an und kann dem, was da passiert, nicht entgehen.

ULSAMER Aber wenn ich das von außen sehe: Da sind zwei Gruppen, die eine Gruppe lebt in ihrem Land und die andere Gruppe beschließt dieses Land zu erobern. Dann ist es doch ein Unterschied an Maß der Verantwortung oder Schuld?

HELLINGER Das kann man nur sagen, wenn man außerhalb von beiden Gruppen stehst. Sobald man in seiner Gruppe bleiben muss, ist man unausweichlich mit ihr verwoben. Keiner der deutschen Soldaten konnte seine Gruppe verlassen.

ULSAMER In einer Aufstellung in San Francisco hat jemand gesagt, er stellt einen Unterschied fest, ob einer als deutscher Soldat gestorben ist oder als Soldat eines anderen Landes.

HELLINGER Ich würde diese Unterscheidung nicht treffen.

ULSAMER Ich habe meinen Vater vor Augen. Er war als Soldat Arzt in Russland. Für mich erhebt sich da die Frage, ob nicht jeder Deutsche auch an dem Schlimmen, was geschehen ist, mitbeteiligt war, dadurch dass er eben in dieser Schicksalsgemeinschaft war.

HELLINGER Natürlich ist er beteiligt, aber nicht in einem anderen Maß als irgendein anderer Soldat. Die Angst vor dem Bolschewismus war in Deutschland sehr groß. Der Kampf gegen Russland hatte für viele Deutsche einen ähnlichen Charakter, wie für die Amerikaner, als sie angetreten sind, um die Deutschen zu besiegen. Wenn ich auf dieser Ebene bleibe: In der Haltung und in der Überzeugung gab es da wahrscheinlich keinen großen Unterschied.

ULSAMER Nehmen wir Vietnam als ein extremes Beispiel! Wenn die Amerikaner die Vietnamesen bekämpft haben, ist da nicht ein qualitativer Unterschied, auf welcher Seite einer stand?

HELLINGER Den kannst du nur machen, wenn du draußen stehst, also wenn du nicht involviert bist. Die amerikanischen Soldaten waren der Auffassung, den Kommunismus als Weltbedrohung einzudämmen.

Über Widerstandskämpfer

ULSAMER Wir haben das Thema der Widerstandskämpfer schon gestreift. Kannst du das noch etwas vertiefen?

HELLINGER Wenn ich den spanischen Bürgerkrieg betrachte, sehe ich, dass beide Seiten im Widerstand waren. Beide Seiten fühlten sich als Widerständler natürlich als besonders gut, den anderen überlegen und zu den schlimmsten Taten berechtigt.
Ich habe kürzlich im Rahmen einer Gruppensitzung in dieser Hinsicht ein eindrückliches Beispiel erlebt. In einer Gruppe war eine Frau, deren Onkel im Dritten Reich zu den Partisanen nach Jugoslawien gegangen ist – als Kommunist. Für mich ist er ein Mörder. Denn was hat er dort anderes gemacht, als deutsche Soldaten abzuknallen? Die Gruppe, der er angehört hat, wurde dann gefangen – und sie wurden alle erschossen außer ihm, denn er konnte fliehen. Dann ist er nach Deutschland und hat sich versteckt, und wurde von den Verwandten heimlich mit Lebensmitteln versorgt. Sein Vater kam ins

KZ, weil der Sohn bei den Partisanen war. Auch ein Cousin, der ihm Essen gebracht hatte, wurde erwischt und erschossen.

Er selbst wurde am Schluss noch gefangen, aber bevor er hingerichtet werden konnte, haben die Engländer ihn befreit.

Ich wollte nun herausfinden, was in der Seele eines Widerstandskämpfers vor sich geht. In der Aufstellung habe ich fünf deutsche Soldaten auf den Boden gelegt, die er erschossen hat. (Später hat mir einer von ihnen gesagt, da sind noch ganz viele, die er auf dem Gewissen hat, die reichen gar nicht.) Dann habe ich eine Reihe seiner toten Kameraden hingelegt, die erschossen wurden, als sie gefasst wurden. Danach habe ich auch den Cousin dazu gelegt, der erschossen wurde, als er ihm helfen wollte.

Der Stellvertreter des Widerstandskämpfers schaute immer über die Toten hinweg. Er war überhaupt nicht berührt. Dann habe ich ihn zu den Toten gelegt. Er blickte in den Himmel und sagte: „Das berührt mich alles nicht. Ich folge einer Idee."

Hier sieht man, was geschieht, wenn jemand eine Idee hat – und dieser Idee folgt. Es ist im Grunde das Unmenschlichste, was es gibt.

Der Sohn dieser Frau hat jetzt gerade den Führerschein gemacht. Sie hat Angst, dass ihm etwas passiert. Ich habe sie und den Sohn aufgestellt und habe sie all die Toten anschauen lassen, und dann der Mutter gesagt, sie soll den Sohn bei der Hand nehmen und sich von den Toten weg drehen. Da war der Sohn erleichtert. Es war klar: Er fühlte, dass er hier gefährdet war. Nur wenn er sich von ihnen weg drehen kann, ist er frei.

So viel über Widerstandskämpfer. Gleichzeitig ist es wichtig zu sehen, dass das Erinnern an sie unheilvoll ist. Dieser Widerstandskämpfer gilt in seiner Familie als Held. Zur Lösung habe ich der Frau noch gesagt, wenn sie diesen Widerstandskämpfer wieder trifft, soll sie ihm sagen: Für mich bist du ein Mörder. Daraufhin sagte sie mir: Er ist mein Lieblingsonkel. Ich antwortete: Gerade weil er dein Lieblingsonkel ist, ist dein Sohn gefährdet. Du musst ihm das sagen.

HOHNEN Siehst du einen Unterschied zu den aktiven Widerstandskämpfern, denen, die dann Partisanen werden oder in den Untergrund gehen, um Saboteur oder Heckenschütze zu sein? Und gibt es noch eine andere Form von Widerstandskämpfern?

HELLINGER Ich kann mir da kein Urteil erlauben, weil mir die Anschauung fehlt. Was ich gesehen habe ist, dass solche, die im Widerstand waren, zwar als Helden berühmt werden. Aber gelitten, wirklich gelitten haben nicht sie, sondern ihre Familie.

Der Widerstand hat etwas sehr Anmaßendes an sich, weil dahinter auch das Gefühl steckt: Es ist in meine Hand gegeben, das Rad des Schicksals zu wenden.

Einen Teil der Widerstandskämpfer halte ich schlicht für Selbstmörder, nämlich dann, wenn sie unklug gehandelt halben und sie keine Chance gehabt hätten.

HOHNEN Systemisch gesehen, kann es doch sein, dass Widerstandskämpfer so etwas wie eine Balance ausüben? Denn nicht in den Widerstand zu gehen, hieße ja, sich dem zu fügen, was gerade an Schlimmem geschieht.

HELLINGER Das ist eine Unterstellung. Nicht in den Widerstand gehen, heißt nicht, dass ich mich füge. Es kann auch heißen, ich warte auf die gute Gelegenheit, auf die rechte Zeit.

Ein solcher Widerstandskämpfer war zum Beispiel Adenauer. Er hat nur auf die rechte Zeit gewartet. Er war klug und zur rechten Zeit stand er zur Verfügung. Ich habe das hier einfach behauptet. Von Politik verstehe ich nichts, aber die Klugheit fordert: Wenn etwas von mir unternommen wird, muss ich mir sicher sein, dass es Erfolg hat.

HOHNEN Ordnest du die Aktion von Stauffenberg und anderen ähnlich ein, dass sie von vornherein zur Erfolglosigkeit verdammt war?

HELLINGER Ja. Ich war zu der Zeit Soldat und habe die Reaktionen der Kameraden darauf gehört. Es war klar, die Widerstandkämpfer hätten in der Truppe keine Chancen gehabt. Die Widerstandskämpfer waren nicht mit dem Volk verbunden, und mit dem, was eigentlich lief.

HOHNEN Ob die Widerstandskämpfer auf den guten Zeitpunkt warten – das kann man letztendlich nur im Nachhinein ersehen?

HELLINGER Ja, natürlich. Wer wartet, ist eher im Einklang. Er wartet, bis die richtige Zeit zu handeln da ist. Wer vorschnell handelt und plant, ist von seinen Vorstellungen getrieben, ohne dass er im Einklang mit dem Fluss des Geschehens ist. Darum geht es dann auch schief.

ULSAMER Ein Widerstandskämpfer ist jemand, der auf eine aktive, militante Art und Weise angreift oder sich zur Wehr setzt. Inwieweit ist Widerstand gegen ein Unrechtsregime sinnvoll, möglich und gerechtfertigt?

HELLINGER Wieso erwähnen wir die Widerstandskämpfer eigentlich? Werden sie nicht oft nur von denen erwähnt, die selbst zu feige wären, so etwas zu tun. Sie blasen sich dann auf, indem sie sich mit ihnen identifizieren. Ich finde das billig.

ULSAMER Als Nachgeborener fühlt man ja so etwas wie Schande über das, was im Dritten Reich geschah. Dann erleichtert es, dass nicht jeder mitgemacht hat, sondern einige sich gewehrt haben.

HELLINGER Genau das ist es, was ich sagen wollte. Sie sind sozusagen wie Vampire an den Widerstandskämpfern. Sie saugen sich voll mit deren Blut und blasen sich dann auf.

ULSAMER Das gehört irgendwie zusammen: Ich bin ein junger Deutscher und höre von den Verbrechen des Dritten Reichs. Dann fühle ich mich doch betroffen, denn es sind ja meine Vorfahren. Mit ihnen bin ich verbunden.

HELLINGER Wenn ich zu einem Volk gehöre, dann habe ich Anteil an seinem Schicksal und an seiner Vergangenheit. Auch der unschuldige Deutsche ist in diese Schicksalsgemeinschaft mit hinein genommen und kann sich davor nicht drücken. Ohne dass er persönlich schuldig wurde, ist er trotzdem damit verbunden.

Insofern ist es gerechtfertigt, dass man es besonders tief erlebt, wenn man sieht, was im Namen unseres Volkes anderen angetan wurde. Das ist dann keine Scham in dem üblichen Sinn. Es macht einen vorsichtig, bescheiden und zurückhaltend. Damit hat es eine gute Wirkung.

Die Tatsache, dass es Widerstandskämpfer gab, rechtfertigt überhaupt nichts. Alles bleibt genauso schrecklich, wie es war. Und die Widerstandskämpfer können wenig davon wegnehmen, gar nichts im Grunde. Sie stehen für sich, aber nicht für das deutsche Volk.

HOHNEN Das heißt, du schaust auf das persönliche Schicksal dieses Widerstandskämpfers, und siehst, was er persönlich gemacht hat, in welche persönliche Schuld er verwickelt ist, dass er, zum Beispiel, auch gekämpft und getötet hat.

HELLINGER Ich sehe auch, wie er verstrickt war. Wenn ich das alles im Zusammenhang mit Verstrickungen sehe, gibt es für mich wenig große Leute, die man besonders verehren muss.

HOHNEN Wie kann dann bewusst Veränderung initiiert werden? Ich erinnere mich an eine Aussage von dir, wo du über die 68er-Demonstrationen ja auch ein Bild hattest. Was ist, wenn ich auf die Straße gehe und gegen etwas demonstriere oder protestiere?

HELLINGER Marcel Reich-Ranicki beschreibt in seinem Buch „Mein Leben" wie er es erlebt hat, als eine Gruppe von 68er zu einer Versammlung von Schriftstellern kam. Für ihn waren sie wie die Hitler-Jugend. Es gab für ihn in der Weise, wie die sich ihnen gegenüber verhalten haben, überhaupt keinen Unterschied. Ihre Aggressivität und ihre Anmaßung waren für ihn genau das gleiche. Für mich war das auch so.

HOHNEN Wie kommen wir aus diesem Kreis heraus?

HELLINGER Was soll ich mir darüber Sorgen machen? Wenn ich mir darüber Sorgen machen würde, wäre ich ja auch einer von denen, die meinen, sie müssten das Schicksal der Welt in ihre Hand nehmen.

Über Soldaten und Mörder

ULSAMER Wir haben unsere normalen Ordnungen, die Ordnungen der Liebe. Eine dieser Ordnungen heißt: Wer Mörder wird, gehört zum Opfer. Nun ist das Besondere im Krieg, dass Soldaten nicht dieses Gefühl des Mörder-seins haben. So kam mir dieses Bild: Krieg ist wie eine andere, eine archaische Ordnung. Da geht es nur ums Überleben der Gemeinschaft.

HELLINGER Der Soldat hat schon das Gefühl, dass er ein Mörder ist. Er weiß, dass er gewalttätig ist und andere umbringt. Er erlebt das auch tief in der Seele.

ULSAMER Aber willst du das gleichsetzen mit diesem Gefühl der persönlichen Schuld eines Mörders im „Zivilleben"? Ist es das gleiche?

HELLINGER Ich tendiere dazu, dass es das gleiche ist.

ULSAMER Dann haben sich doch die wenigsten der vielen Mörder dem gestellt?

HELLINGER Das Wort Mörder ist belastet, aber Soldaten sind solche, die getötet haben. Sie stehen dann mit denen, die sie getötet haben, auch in tiefer Verbindung. Und nicht nur mit denen, die sie getötet haben, sondern auch mit denen, die auf ihrer Seite gefallen sind.

ULSAMER Ich habe immer wieder Aufstellungen, bei denen der Vater aus dem Krieg zurückgekommen ist, und zwar zerstört zurückgekommen ist durch den Krieg und oft auch durch Gefangenschaft. Ihn begleiten dann innerlich sowohl die gefallenen Kameraden, wie auch die gegnerischen Soldaten und auch die gegnerischen Opfer.

HELLINGER Wenn der Schmerz und dieses ganze Vergebliche gefühlt wird, hat das eine tiefe Wirkung in der Seele. Dann wird man stiller. Die Kriegsgeneration ist ja eine völlig andere als die nachfolgende. Deswegen kann die nachfolgende Generation das gar nicht verstehen. Die Kriegsgeneration ist viel ernster, sie haben schon früh das erlebt, was andere sehr viel später erleben, dass viele schon tot sind, mit denen sie zusammen waren.

HOHNEN Wenn wir das, worüber wir gerade gesprochen haben, umdrehen, dass viele unserer Väter als Soldaten mit zum System der Opfer gehören, – dann müsste das gleiche ja auch bezogen auf die im Krieg vergewaltigten Frauen gelten?

HELLINGER Das weiß ich nicht. Ich habe in dem Bereich, in dem ich an der Front war, keine Vergewaltigungen gesehen. Ich habe Liebesverhältnisse gesehen. Das ist wieder etwas ganz anderes.

ULSAMER Meine Erfahrung in Aufstellungen ist, wenn im Krieg eine Frau vergewaltigt worden ist und der Satz fällt: „Es ist Krieg", dann wird irgendetwas leichter. Als ob irgendetwas Unpersönliches dazu kommt.

HELLINGER Ja.

ULSAMER Ich empfinde es so, dass im Krieg eine archaische Ordnung auftaucht, wo Männer die Männer umbringen und die Frauen vergewaltigen, um sich fortzupflanzen.

HELLINGER Die Fortpflanzung spielt da, glaube ich, keine Rolle. Es ist nur die Vergewaltigung, um die es geht.

ULSAMER Ich frage mich: Was ist das Wesentliche am Sex? Es ist die Fortpflanzung.

HELLINGER Aber in der Situation der Soldaten, die abgetrennt von Frauen und Familien in ein fremdes Land kommen, überschwemmt sie das sexuelle Begehren. Die denken nicht an Fortpflanzung.

Über Männer und Frauen

HOHNEN Was ist, wenn ich in einer Beziehung bin und bekomme von meiner Partnerin gesagt, die berufliche Arbeit macht dir wohl Spaß?

HELLINGER Der Gegensatz zwischen der Arbeit und der Beziehung wie er oft konstruiert wird, ist schädlich. Die Arbeit hat nämlich Vorrang vor der Beziehung, nicht umgekehrt. Wenn der Vorrang der Beziehung gefordert wird und man versucht sich dem zu fügen, leidet die Beziehung. Wenn aber beide Partner sich in ihrer Arbeit erfüllt erleben, ist, in der Regel, auch ihre Beziehung in Ordnung.

ULSAMER Gibt es einen grundsätzlichen Unterschied, wie Männer und wie Frauen das erleben?

HELLINGER Ja. Eine Frau als Mutter mit Kindern hat natürlich eine Menge Arbeit. Das ist eine erfüllende Arbeit für die Frau und sie braucht dazu auch die Unterstützung des Mannes. Sehr viel, was die Frau braucht und eigentlich will, ist die Unterstützung des Mannes für diese Arbeit. Auch für den Mann ist es erfüllend, wenn er ihr diese Unterstützung gibt.

Aber nur Beziehung alleine, das hält einer nicht aus. Es gibt ein Bild in den Aufstellungen. Wenn ein Paar sich anschaut, halten sie das nicht lange aus. Wenn sie aber beide in die gleiche Richtung schauen, nach draußen, auf etwas Drittes, dann rücken sie zusammen und finden zusammen.

ULSAMER Wenn ein Paar in eine Richtung schaut, ist das Natürliche ja, dass da Kinder stehen. Was ist, wenn da keine Kinder stehen? Gibt es etwas anderes, das dafür stehen kann?

HELLINGER Zum Beispiel ein gemeinsames Engagement für eine Sache. Aber wenn Partner nur mit sich befasst sind, ist das die Hölle.

ULSAMER Das Wichtige ist also, dass es etwas Gemeinsames als Engagement gibt und nicht nur jeder sich in seinen Angelegenheiten engagiert?

HELLINGER Es braucht nicht einmal gemeinsam sein, man kann sich über die unterschiedlichen Engagements auch austauschen.

HOHNEN Was ich von dir gehört habe und durch die eigene Erfahrung als Aufsteller auch so erlebe, ist, dass der Tod im Kindbett von der Schwere des Schicksals her das Bedeutendste in einer Familie ist.

HELLINGER Allein die Tatsache, dass für die Frau bei der Geburt die Gefahr des Todes gegeben ist, macht das weibliche Schicksal schwerer. Das Weibliche ist dem Wesentlichen näher als das Männliche, das ist für mich ebenfalls ganz klar. Und wenn ich es in dem vorhin erwähnten Zusammenhang sehe, dass der Urgrund oder die Seele auch weiblich ist, oder dass das Weibliche dem auf besondere Weise verbunden ist, in der Art wie es sich darstellt und wie es auch gelebt wird, dann bringt das eine tiefe Hochachtung vor dem Weiblichen, vor dem Mütterlichen und von dem ganzen Dienst, den die Frau leistet, mit sich.

Verglichen damit, ist das Männliche leichter, auch leichtgewichtiger und hat nicht die gleiche Kraft und Tiefe wie das Weibliche. Das Männliche steht im Dienste des Weiblichen in diesem tiefen Sinn. Über die Achtung vor dem Weiblichen bekommt der Mann Zugang zur Tiefe der Seele. Wenn das Spirituelle losgelöst ist vom Weiblichen, hat es eine merkwürdige Ausstrahlung. Diese Tendenz herrscht beim Buddhistischen vor. Das liegt schon im Ursprung des Buddhismus, weil Buddha seine Mutter bei der Geburt verloren hat. Vieles von dem, was er als Weg bezeichnet, lässt sich zurückführen auf das Trauma der verlorenen Mutter.

Ich versuche manchmal, das spezifische seelische Gewicht von jemand zu bestimmen – auch wenn es ein bisschen leichtfertig ist. Eine Mutter mit ihren Kindern, hat für mich ein ungleich größeres, seelisches Gewicht, als zum Beispiel ein meditierender Mönch, oder ein Zölibatärer. Nicht, dass das andere nicht auch seine Größe hat! Aber es besonders zu verehren, ist für mich eine Missachtung des Weiblichen.

ULSAMER Bei Männern und Frauen in unserer Gesellschaft ist mein Bild, dass hinter jeder Frau die ganze Kette aller frustrierten, zornigen, verletzten Frauen steht. Und hinter jedem Mann stehen die ganzen Männer, die genauso verletzt worden sind oder die zornig sind. Das scheint das Normale zu sein. Da gibt es wohl gar keinen Anfang.

HELLINGER Da bin ich mir nicht sicher. Man muss diese Frauen mit ihren Schicksalen achten. Je weiter es zurück geht, desto schwerer sind diese Schicksale. Früher sind viele Frauen im Kindbett gestorben. Wenn man alle diese Ahnen hinter einer Frau sieht, wie sie ihre Schicksale gemeistert haben und wenn man sie achtet, ohne irgendeine Absicht, dann spürt man ihre geballte Kraft. Und so auch hinter den Männern. Das hat eine heilsame Wirkung.

Wenn man mit dem Zorn der Alten oder der Früheren arbeitet, müsste man ähnlich wie mit den Toten umgehen. Die Zornigen müssen sich zurückwenden zu denen vor ihnen, und die wiederum zu denen vor ihnen. Dann müssten sie die Zornigen bei denen lassen, die sie in den Arm nehmen. Der vorderste in dem Glied, also die gegenwärtige Frau und der gegenwärtige Mann, können die Zornigen dann unter sich lassen. Das wäre hier ein hilfreiches Bild.

HOHNEN Ich will noch einmal auf den Tod im Kindbett zurückkommen. Ich erlebe in Aufstellungen, auch wenn ich dir zuschaue, diese Dynamik als einen sehr massiven Schnitt in das Schicksal der Überlebenden.

HELLINGER Ich möchte hier lieber gleich auf die möglichen Lösungen schauen. Die Lösung ist, dass die Frau, die im Kindbett starb, in den Blick kommt und dass ihr recht getan wird. Wenn, zum Beispiel, die erste Frau des Großvaters im Kindbett starb und er eine zweite Frau geheiratet hat, dann werden manchmal die Kinder der zweiten Frau behandelt, als seien sie mit Bezug auf das Erbe die Erstberechtigten und die Kinder der ersten Frau ihnen nachgeordnet. Damit wird der Frau, die im Kindbett starb, Unrecht getan, sie wird in ihren Kindern nochmals ausgeklammert. Das muss man im wirklichen vollem Sinn wieder gutmachen, sonst wirkt sich das ganz schlimm aus.

HOHNEN Einen weiteren Aspekt hast du manchmal so ausgedrückt, dass der Tod im Kindbett in der Familie wie Mord erlebt wird.

HELLINGER Das ist eine weitverbreitete unbewusste Phantasie in der Familie. Viele haben die Vorstellung, dass der Mann in der Sexualität aggressiv ist und die Frau es eigentlich nicht will. Wenn dann die Frau bei der Geburt stirbt, gibt man dem Mann die Schuld dafür. Er „macht ihr ein Kind", hat man früher gesagt. Das ist ein schrecklicher Ausdruck.

Die Lösung ist einfach: Man stellt die Frau und den Mann nebeneinander, und es zeigt sich meist, dass die beiden sich sehr lieben. Dass der Mann sehr unter dem Tod der Frau leidet, und dass diese Phantasie nicht gilt. Zwischen den beiden ist ein tiefes Einverständnis, und es gibt auch ein tiefes Einverständnis der Frau zu diesem Risiko. Der Mythos wird so entlarvt.

HOHNEN Kannst du etwas zu deinen Erfahrungen mit Paar-Therapie sagen?

HELLINGER Ich arbeite mit einem Paar, wenn es darauf ankommt. Es ist wichtig, die Achtung vor dem Paar zu bewahren. Man sollte nicht meinen, man könnte denen jetzt die Lösung bieten. Sonst werden die Kräfte, die dem Paar selbst zur Verfügung stehen, nicht ernst genommen. Wenn ich telefonische Beratungen gemacht habe, habe ich erst mit dem einen Partner gesprochen und dann mit dem anderen. Manchmal habe ich dabei dem einen etwas ganz anders als dem anderen gesagt, entsprechend der Lösung, die für ihn galt. Sie hatten beide ein anderes Bild. Alles andere haben sie untereinander ausgemacht.

Dies ist wieder ein Beispiel dafür, dass der Therapeut nur minimal arbeitet, sich möglichst schnell zurückzieht, und die Selbstständigkeit und Selbstverantwortung nicht einschränkt.

HOHNEN Männer, Frauen und Krieg: Was hältst du davon, dass Frauen jetzt auch Kriegsdienst tun sollen?

HELLINGER Wenn sie wollen?

HOHNEN Aber es stellt ja das, was du vorher über Männer und Frauen gesagt hast, auf den Kopf! Der Mann ist der Krieger, die Frau ist diejenige, die das Leben gibt. Wenn jetzt die Frauen auf die Seite der Krieger gehen, dann wird das ein perverses Dreieck. Das siehst du nicht so?

HELLINGER Nein, wenn die Frauen das wollen.

HOHNEN Was ist, wenn zum Beispiel Männer in eine Art Rollentausch gehen und sagen, sie bleiben jetzt zu Hause. Sie kümmern sich um die Kinder, die Frauen gehen arbeiten. Was hat das für eine Wirkung?

HELLINGER Wenn es aus Not geschieht, ist es in Ordnung. Aber als Rollentausch – nein.
Die Hausmänner, die ich bisher gesehen habe, haben keinen guten Eindruck gemacht.

HOHNEN Keinen guten Eindruck? Das heißt, da fehlt etwas an Kraft und Stärke? Ist es eher mitunter eine Bemäntelung, dass sie „nicht-ihren-Mann-stehen"?

HELLINGER Ja, genau.

Über Sexualität und Liebe

ULSAMER Ich möchte ein anderes grundsätzliches Thema ansprechen: die Sexualität. Ich sehe in der Sexualität auf der einen Seite die Lebenskraft, die das Leben durchsetzt. Dann gibt es auf der anderen Seite die persönliche Beziehung von Mann und Frau. Wie gehört beides zusammen? Denn es gibt ja eine persönliche Bindung. Da gibt es das Bedürfnis, den anderen zu achten. Das liegt auf einer anderen Ebene. Wie siehst du das?

HELLINGER Die Sexualität führt zur Liebe. Wo der sexuelle Vollzug in dieser Liebe geschieht, haben *wir* dann Kinder, *wir* zusammen. Da ist eine tiefe seelische Haltung dabei. Sexualität erschöpft sich nicht im Akt des Vollzuges, sondern sie bringt auch gewaltige Gefühle hoch von Mutterschaft, Vaterschaft, Elternschaft und Verantwortung. Das ist auf der einen Seite triebmäßig bedingt und wird auf der anderen Seite kultiviert. Für mich sind das keine Gegensätze.

Wo die Sexualität getrennt wird vom vollen Vollzug, auch vom Hinblick auf Kinder, ist sie isoliert. Dann ist sie auch in gewissem Sinn von der Liebe getrennt. Mit dem vollen Risiko lässt man sich gemeinsam auf etwas Langes ein – das bindet natürlich. Hinzu kommt, dass die Sexualität immer wieder etwas Heilendes für beide zusammen hat. Sowohl seelisch als auch körperlich ist sie heilend und wohltuend. Das muss mit gesehen werden.

ULSAMER Auf der einen Seite hat sich diese kultivierte Form entwickelt. Wenn ich das andere Extrem nehme, gibt es archaische Formen, zum Beispiel, wenn es in Kriegen zu Massenvergewaltigungen kommt. Da steht ja auch irgendwo instinktiv die Fortpflanzung im Vordergrund. Dort ist überhaupt nichts von diesem persönlichen Element vorhanden.

HELLINGER Die Sexualität ist nur etwas kultiviert, es gibt immer noch dieses ganz Gewaltige im Urgrund. So ist das. Ich bedauere es nicht, noch verteufle ich es in irgendeiner Weise. So ist es halt.
Wenn du in die Psyche schaust, ist ja ein Krieg immer eine Vergewaltigung. Was in einem Volk vorgeht oder in einer Kriegergruppe, die ein anderes Volk überfällt, ist eine Vergewaltigung. Die Vergewaltigung der Frauen ist eine Fortsetzung davon oder ein Symbol für das, was im Tieferen dabei abläuft.

Über Paarbeziehung, Sexualität und Beziehung

HOHNEN Du hast manchmal gesagt, eine Paar-Beziehung ist vollendet, nachdem sie ein Kind haben. Kannst du mehr dazu sagen? Wir leben ja oft in einem Traum, dass es genauso weiter geht. Denn ich habe ja die Frau geheiratet wegen der Frau, oder den Mann genommen wegen dem Mann. Mit einem solchen Satz, bringt du uns auf den harten Boden der Erde zurück.

HELLINGER Die Geburt des ersten Kindes wird als Höhepunkt der Beziehung erlebt. Das ist die Hoch-Zeit, die eigentliche Hoch-Zeit. Danach wird es schwer und vieles anders. Aber dieses Hochgefühl trägt darüber hinweg und gibt die Kraft, sich den Kindern zu widmen mit allem, was das fordert.
Danach wird diese Höhe nicht mehr erreicht. Es kommt anderes hinzu, es wird alles vielfältiger. Das Paar orientiert sich vielleicht mehr nach außen. So sehe ich das.

HOHNEN Gibt es noch eine weitere Vollendung in der Paarbeziehung?

HELLINGER Ja. Sterben. Ich hatte vor kurzem ein bewegendes Erlebnis. In einer Gruppe war ein altes Ehepaar, beide über 70. Er hatte

Krebs mit Metastasen. Sie wollten beide mit mir arbeiten. Ich habe ihnen gesagt, eure Beziehung steht vor der Vollendung. Ihr seht das Ende eurer Beziehung kommen, die Stunde des Abschieds. Dann habe ich die Frau dem Mann sagen lassen: „Ich bleibe bei dir, solange ich darf und solange es dauert." Sie hat sehr geweint dabei. Dann habe ich auch den Mann ihr sagen lassen. „Ich bleibe bei dir, solange ich darf." In dieser Liebe im Angesicht des Abschieds war etwas tief Bewegendes – das lässt sich nicht mit anderem vergleichen. So wie das Leben vollendet ist mit dem Tod, so auch die Paarbeziehung. Sie bekommt im Angesicht des Abschieds einen besonderen Glanz, eine besondere Schönheit.

HOHNEN Eine Paar-Beziehung gelingt, wenn man auf das Ende schaut?

HELLINGER Man schaut auf das Ende, wenn es nahe ist. Nicht vorher.

HOHNEN Ich bin manchmal verwundert, wenn ich von dir den Satz höre, eine Paarbeziehung ist ein Sterbeprozess. Und die Leute sind nicht 60 oder 70 oder haben Krebs.

HELLINGER Es ist kein Sterbeprozess in dem Sinne, wie ich es gerade eben geschildert habe. Im Laufe der Beziehung wird immer mehr an ursprünglicher Hoffnung aufgegeben, aber die Beziehung gewinnt dadurch an Tiefe und Gelassenheit. Die Beziehung wird nicht geringer, sie wird nur anders und dadurch vertieft. Jede Ehekrise ist ein Teil des Sterbens. Sie wird auch wie Sterben erlebt, wie etwas Schmerzliches, wie Abschied. Aber nachher ist die Beziehung schöner, sie ist tiefer, gelassener. Sie hat nicht mehr den Schwung des Anfangs, es ist etwas völlig anderes, das seine eigene Schönheit hat und sein eigenes Glück. Das ist dieser Sterbeprozess, der mit dem ganzen Leben in eins geht. Doch das Ende ist noch einmal etwas eigenes. Wenn es nahe ist, dann schaut man aufs Sterben als solches, aber nicht vorher. Also Sterbeprozess soll nicht heißen, dass man dauernd auf das Ende schaut – es wäre schade drum.

Der Gewinn ist, dass man mit etwas Größerem verbunden wird. Die Fixierung auf den Partner oder die starke Ausrichtung auf den Partner lassen nach. Man wird mit Größerem verbunden.

ULSAMER Ist das der Teil des Kindes, das diesen einen Menschen sucht? Wir haben ja in den Aufstellungen immer wieder den Satz: „Ich bin nur dein Mann oder ich bin nur deine Frau – mehr nicht." Zu Beginn einer Beziehung in der Verliebtheit brennt dieser Wunsch nach dem einen Menschen, der ganz und gar für einen da ist – der ideale Vater oder die ideale Mutter. Ist es das, was wir loslassen?

HELLINGER Genau. Es wird etwas Kindliches losgelassen und man wird erwachsener.

HOHNEN Ist in dem Zusammenhang dann der Gewinn, dass ich mich meiner eigentlichen Mutter und meinem eigentlichen Vater zuwende und dadurch auch erwachsen werde?

HELLINGER Nein. Auch das ist erwachsen, wenn ich mich von den Hoffnungen und Ansprüchen gegenüber den Eltern löse.

HOHNEN Aber wenn ich mich mit der Illusion dem Partner nähere, es könnte die ideale Mutter, der ideale Vater sein, – das heißt doch dass ich immer noch auf meine eigenen Eltern bezogen bedürftig bin?

HELLINGER Ich denke, ich sei bedürftig. Dieses Denken wird dann revidiert.

ULSAMER Es ist mehr ein Gefühl von Bedürftigkeit?

HELLINGER Man weigert sich, das, was man hat, zu entfalten.

HOHNEN Was wäre das?

HELLINGER Wenn man erwartet, dass ein anderer die Arbeit für einen tut. Es ist heilsam, wenn man merkt, dass das nicht der Fall ist.

HOHNEN Was für eine Arbeit?

HELLINGER Wenn ich die Lösung meiner Probleme davon abhängig mache, dass meine Eltern sich ändern, dass sie mir jetzt eine Zuwendung geben, wie ich sie als Kind gewollt habe. Das ist völlig illusionär.

HOHNEN Es ist ja in Paarbeziehungen häufig, dass ein Partner sich wünscht, der Partner möge sich ändern. Die Liebe ist zwar groß, aber nachdem die erste Liebe weg ist – verändere dich bitte.

HELLINGER Verändern heißt hier: Werde so, dass du in meine Familie passt. Das kann der Partner nicht. Er passt in seine Familie. Die Grundlage der Beziehung ist, dass ich den Partner in seiner Familie und mit seiner Familie achte und dass ich ihn als anders, aber gleichberechtigt und gleichwertig anerkenne. Das ist Liebe. Das andere ist das Bequeme: Wenn er so wird wie ich, brauche ich mich nicht zu verändern.

HOHNEN Wie ist das mit der anderen Seite der Medaille? Da gibt es Paare, bei denen einer der Partner sagt, ich will mich nicht verändern, weil er einen Druck spürt, sich verändern zu sollen. Daraus resultiert die Haltung, ich will mich nicht verändern.

HELLINGER Das ist er seiner Würde schuldig. Die Veränderung geschieht nur im Freiraum, nicht unter Druck. Unter Druck verändert sich gar nichts. Vielleicht äußeres Verhalten, aber innen wird gerade durch die Forderung, dass einer sich verändern muss, das aufgebaut, was die Veränderung hindert. Dann ist die Veränderung nur eine Unterwerfung, und die ist nur äußerlich. Der Mann sagt dann: Ja, ich mache alles – und geht dann ins Wirtshaus. Was hat dann die Frau davon? Das gilt natürlich auch umgekehrt.

ULSAMER Ich habe in Aufstellungen von Paarbeziehungen oft an der Oberfläche einen Kampf erlebt. Der eine sagt, ändere dich, der andere sagt, ich denke nicht dran. Darunter ist eine aggressive Energie spürbar. Es geht mehr um diesen Zorn als um das tatsächliche Ändern.

Andererseits ist es aber auch so, dass man sich den Partner gesucht hat, der zu der eigenen Familientradition passt. Irgendwann kommen beide an den Punkt, dass sie das sehen und sagen: Es passt zwischen uns. Das erleichtert beide.

HELLINGER Die Aggression kommt eigentlich aus der Einsicht, dass ich mich nicht ändern will oder das, was notwendig ist, nicht anerkennen will. Wer vom anderen fordert, dass er sich verändert, der will sich selber nicht verändern. Gerade dadurch, dass der andere das nicht macht, kommt der Zorn. Und wenn der andere es macht, kommt der Zorn auch. Der Zorn hat nämlich damit gar nichts zu tun. Es kann ein übernommener Zorn sein, aber irgendwas Seltsames geht in der Seele vor, wenn einer sagt, du musst dich ändern. Er spürt durch die Gegenwart des anderen, dass etwas anderes auch gültig ist. Das kann er nicht neben sich haben, will aber auch selber keinen Schritt machen. Das ist die Passivität, die sich weigert, selbst etwas zu tun. Mir fällt das Beispiel ein: Jemand möchte eine Gehaltserhöhung haben, und statt dass er darum bittet, wird er zornig. Der Zorn kommt daher, dass er selber nichts macht.

Wenn ich vom Partner etwas haben will, kann ich ihn bitten. Oft macht der Partner das dann gerne. Aber oft werden Partner, statt dass sie, was sie wollen, erbitten, auf den anderen wütend. Der innere Vorgang ist hier sehr subtil. Ich will eigentlich nicht, dass der andere etwas für mich tut, sonst würde ich ihn ja bitten. Damit kann ich in meiner Passivität bleiben und statt zu handeln zornig werden.

ULSAMER Ich habe auch das Bild, wenn sich jemand wirklich unter meinem Druck ändert, würde ich ihn verachten.

HELLINGER Genau. Mit Druck kann überhaupt nichts erreicht werden.

HOHNEN Dass ich nicht handeln will, hat das auch mit dem Wunsch zu tun, nicht schuldig zu werden?

HELLINGER Es kann damit zu tun haben. Wenn ich bleibe wie ich bin, darf ich in meiner Familie bleiben. Wenn ich mich verändere, fühlt sich das Kind in mir vielleicht schuldig. Das ist ein Aspekt, der hier auch eine Rolle spielen kann. Aber oft ist es nur reine Bequemlichkeit.

ULSAMER Eine Grundlage dafür ist ja auch, dass Kinder ihren Eltern treu sind.

HELLINGER Dieser andere Aspekt ist, dass aus der Familie Muster übernommen werden, zum Beispiel vom Kampf zwischen Mann und Frau, oder dass der Mann den Frauen nicht traut, weil seine Mutter den Vater verlassen hat, und umgekehrt natürlich. Dann wird etwas inszeniert und wiederholt, zum Beispiel auch, dass man den Mann oder die Frau nach einiger Zeit verliert.

ULSAMER Wenn ich bitten würde, dann würde ich etwas Gutes erreichen. Dann wäre ich aber untreu denen hinter mir, die das nicht gehabt haben, zum Beispiel eine glücklichere Beziehung. Insofern halte ich das Unglück aufrecht.

HELLINGER Wo es Verstrickungen gibt, kann man diese nicht zurücklassen, indem man bittet, sondern da läuft ein unbewusster Prozess ab. Auf der Ebene der Bequemlichkeit bittet man oder man bittet nicht. Auf der Verstrickungs-Ebene ist das anders.

Zur Verdeutlichung dieser zwei Ebenen ein Beispiel: Der Mann will etwas von der Frau, zum Beispiel ein gutes Mittagessen, aber er sagt es ihr nicht.
Er könnte ihr auch sagen, heute können wir doch mal richtig gut zusammen essen, also ich hätte Lust auf Schweineschnitzel. In der Regel macht ihm das dann die Frau. Aber, wenn der Mann darum ge-

beten hat, muss er natürlich für die Frau auch etwas tun, das ist dann der nächste Schritt. Der Austausch steigert sich dann.

Wenn es um Größeres, Reicheres geht, macht das gleichzeitig auch Angst. Es gibt dann zwar eine Steigerung, aber sie ist mit einer persönlichen Anstrengung verbunden. Das ist die eine Ebene. Wo aber Verstrickungen im Spiel sind, kommt noch etwas ganz anderes hinzu.

Wenn, zum Beispiel, die Frau erlebt hat, dass ihre Eltern sich scheiden ließen, als sie sieben Jahre alt war, dann will sie ihnen vielleicht heimlich nachfolgen und verhält sich so, dass auch sie nach einiger Zeit geschieden wird.

ULSAMER Es ist ja nicht nur Bequemlichkeit, sondern auch so etwas wie Sicherheit, wenn man sich im gewohnten Rahmen aufeinander bezieht. Wenn der Umsatz größer wird, dann kommt etwas Neues – und das macht Angst.

HELLINGER Ja, aber die Sicherheit hat gleichzeitig etwas Kindliches. Es ist die Sicherheit des Immer-gleichen. Das kleine Kind will das Immer-gleiche haben. Es muss alles auf dem gleichen Platz sein, Geschichten müssen immer auf gleiche Weise erzählt werden – das gibt Sicherheit.

ULSAMER Sicherheit habe ich auch, wenn ich mich nur bis zu einem bestimmten Punkt zeige. Es gibt einen Bereich, bis zu dem man offen ist, aber darunter gibt es noch andere Dimensionen, wo es beängstigend ist, sich zu zeigen. Ich merke an mir selbst, wenn ich in einen solchen anderen Raum hinein komme, dann weicht etwas auf. Ich weiß nicht, ob es kindlich oder erwachsen ist, vielleicht mehr kindlich. Es kommen andere Gefühle, manchmal auch von einer kindlichen Dankbarkeit und Rührung. Das ist anstrengend und es nimmt mich mit.

HELLINGER Das Zurückhalten von etwas, was nicht ans Licht gebracht wird, halte ich für sehr wichtig in einer Paarbeziehung. Diese Grenzen müssen geachtet werden. Doch wo sie verlaufen, ist verschieden. Wenn ich, zum Beispiel, nachforsche, was mein Partner in früheren Jahren alles gemacht hat, oder wissen will, was alles in seiner Familie passiert ist, will er mir das vielleicht nicht sagen. Und auch ich will es ihm von mir nicht sagen. Das sind Dinge, die man bewahren darf und muss. Der gegenseitige Respekt vor dem Ungesagten vertieft die Beziehung.

HOHNEN Es ist also gesund, wenn Mann und Frau nicht alles voneinander wissen?

HELLINGER Ja, es fördert die Beziehung, wenn sie es auch nicht voneinander wissen wollen.

HOHNEN Ist das auch manchmal ungesund, wenn jemand einen mit seiner Geschichte im Grunde in sie einbindet?

HELLINGER Es kann sein, dass es ungesund ist, zum Beispiel eine Art Beichte, bei der ich den anderen mit etwas belaste. Wenn mir im Beruf etwas Unangenehmes passiert ist, warum soll ich das dem Partner erzählen? Er kann vielleicht gar nicht zur Lösung beitragen. Wenn es jedoch eine ernste Sorge ist, und wo es um Gemeinsames geht, ist das etwas anderes. Dann verbindet es.

ULSAMER Ich kenne das. Wenn ich nach einem Seminar heimkam, habe ich meine Frau mit Berichten und Erlebnissen überschüttet, um sie so loszuwerden. Wir haben dann entdeckt, dass es nichts Gutes hatte

HELLINGER In diesem Zusammenhang möchte ich noch etwas mitteilen: Wenn ein Therapeut ein ungelöstes Problem, zum Beispiel mit einem Klienten, seiner Frau erzählt, dann wird der Konflikt, den er mit dem Klienten hat, manchmal auf die Paarbeziehung übertragen. Plötzlich nimmt der Partner den Part des Klienten ein, mit dem der andere eine Schwierigkeit hat. Dann gibt es einen Ehekrach aus reiner Verschiebung.

Meine Frau und ich haben das bei uns entdeckt, als wir zusammen Primärtherapie angeboten haben. Dass plötzlich einer von uns der Vater und der andere die Mutter eines Klienten war. Wenn der Klient einen Krach mit Vater und Mutter hatte, und wir haben danach darüber gesprochen, haben wir plötzlich diesen Konflikt unter uns ausgetragen, bis wir darauf kamen und es unterlassen haben. Deswegen ist es nicht empfehlenswert, wenn Mann und Frau zusammen einen Kurs oder ein Seminar leiten. Wenn sie danach über die Vorkommnisse reden, haben sie plötzlich die Konflikte der anderen in ihrer Beziehung.

HOHNEN Was hältst du denn von einem Paar, das zusammen einen Kurs geleitet hat und gerade nach diesem Kurs besonders viel Innigkeit erlebt?

HELLINGER Es kann natürlich daran liegen, dass die Lösungen, die sie dort gefunden haben, sich auch auf sie auswirken. Eine gute Vorgangsweise wäre, wenn man über das Seminar nicht außerhalb des Seminars redet. Ich meine das nicht ganz strikt, aber immerhin als Bild. Man geht hinaus, dann ist man ein Paar, und man geht hinein und dann ist man ein Team.

ULSAMER Wichtig ist also der Rahmen, den man sich gibt. Man sagt, es ist noch eine Team-Besprechung und dann ist klar, was Arbeit ist und was privat.

HELLINGER Genau. Das ist ein schönes Bild. Es ist unter Therapeuten manchmal auch so, dass der eine Partner ein Bedürfnis nach einer therapeutische Intervention von seinem Partner hat. Dann ist es ganz wichtig, dass man eine Grenze setzt, so wie du es jetzt gesagt hast. Das ist jetzt eine Therapie, die vielleicht eine halbe Stunde dauert – und nachher sind wir wieder ein Paar und reden darüber nicht.

HOHNEN Man kann so etwas tun, wenn es innerhalb dieses Rahmens ist?

HELLINGER Ja, wenn es vom Partner erbeten wird. Wenn klar definiert wird, wo es anfängt und wo es aufhört, dann kann man das machen. Das verbindet natürlich und beruht auch auf Gegenseitigkeit.

HOHNEN Wie ist es bei einem Paar, wenn einer der Partner keine Kinder bekommen kann oder behindert ist. Ein Bild bei deinen Aufstellungen ist häufig, dass es dann kein Gleichgewicht in der Paarbeziehung gibt. Kannst du dazu etwas sagen?

HELLINGER Das gilt vor allem dann, wenn der eine Partner keine Kinder haben kann und der andere Kinder haben möchte. Dann kann der, der keine Kinder haben kann, nicht verlangen, dass der andere bei ihm bleibt. Und wenn der andere zustimmt, dass er dennoch bei ihm bleibt, ist es ein besonderes Geschenk. Dann geht das auch gut. Wenn gefordert wird, du musst bei mir bleiben, obwohl ich keine Kinder bekommen kann, zerstört das die Beziehung.

Bei Behinderung ist es noch einmal anders. Wer einen behinderten Partner heiratet, der weiß ja von vornherein, dass da eine Behinderung ist. Oft gibt es da merkwürdige Familienzusammenhänge. Es kann zum Beispiel sein, dass jemand aus einer Familie kommt, in der es ein behindertes Kind gab. Er nimmt sich einen behinderten Partner im Sinne von Dankbarkeit, dass er gesund ist – in Erinnerung an sein Geschwister. Oder einer kann nur schwer Beziehungen zu anderen aufnehmen, und der Behinderte, weil er behindert ist, bietet ihm eine Gelegenheit sich zu öffnen. Das ist dann auch ein Ausgleich.

Schlimm ist es, wenn ein Behinderter geheiratet wird und dann fordert, dass der andere besonders für ihn sorgen muss, dass er also nicht anerkennt, dass er vor allem der Nehmende ist. Das gibt es häufig und ist sehr anmaßend.

ULSAMER Zu dem Thema Kinderlosigkeit: Wie siehst du das Thema künstliche Befruchtung, das jetzt immer häufiger auftaucht?

HELLINGER Wenn es der Samen vom Mann ist, dann ist es nur ein medizinischer Eingriff, der die Beziehung gewissermaßen unterstützt.

Das hat dann keine schlimmen Wirkungen. Wenn der Samen von einem anderen Samenspender kommt, ist die Beziehung zu Ende. Das geht nicht anders.

ULSAMER Wir sehen daran, es ist nicht einmal der Geschlechtsverkehr, der jemanden zum Vater macht, sondern wir kommen immer mehr auf die biologischen Grundtatsachen. Das ist das Eigentliche, was zählt.

Beim Thema Leihmutter ist es noch deutlicher. Wir haben dann ja drei wesentliche Personen. Wir haben den Samen und wir haben das Ei. Aber dann kommt noch etwas Zentrales hinzu, die neun Monate im Bauch der Mutter.

HELLINGER Für mich ist das alles pervers.

HOHNEN Das heißt, sie sollten lieber anerkennen, dass sie keine Kinder kriegen können? Da ist mehr Größe und Kraft für die Beziehung drin?

HELLINGER Genau.

HOHNEN Sie schwächen sich damit eigentlich.

HELLINGER Ja sehr. Wenn ich das auf mich wirken lasse, dann gehört für mich das Kind der Leihmutter. Ich habe das Bild: Sie ist die Gesündeste von allen.

ULSAMER Es sieht so aus, als wenn diese Entwicklungen eher weiter gehen.

HELLINGER Ja, bis man die Wirkungen sieht. Nach einiger Zeit merkt man, was es für Wirkungen hat und dann wird man sich eher überlegen, ob man sich auf so etwas einlassen darf.

ULSAMER Diese negativen Wirkungen hat es auf die Verantwortlichen, auf die Eltern. Und das Kind?

HELLINGER Für das Kind ist es immer schwer.

ULSAMER Es muss dann sagen: „Ich nehme das Leben mit allem, was dazu gehört." Denn das gehört alles zu seinem Leben.

HELLINGER Genau: Vater, Mutter und Leihmutter.

ULSAMER Dann hat es ja doch ein gutes Ende gefunden? Da taucht wieder das Leben als das größte Geschenk auf. Wenn jemand das wirklich annimmt, dann verblasst alles andere, was er nicht bekommen hat.

HELLINGER Nur von der Sichtweise des Kindes her. Alles andere rechtfertigt nicht, was Eltern da machen. Sie haben nicht das Recht dazu. Sie greifen in einer Weise ein, die nicht gemäß ist.

HOHNEN Bei Paaren übernimmt auch manchmal der eine Partner für den anderen etwas an schweren Schicksalen. Was läuft da für eine Dynamik bei diesem Paar ab?

HELLINGER Es ist merkwürdig, aber erklären kann ich das nicht. Das hat etwas mit der ganzen tiefen Bindung, einer ganz tiefen Beziehung zu tun, dass ich für den anderen so etwas übernehme. Es ist natürlich so, dass in jeder Beziehung beobachtet werden kann, dass Dinge, die einer früher alleine gemacht und verantwortet hat, jetzt zwischen dem Paar aufgeteilt werden. Was ich früher nie gemacht hätte, das mache ich jetzt, weil ich für den Partner etwas übernehme. Das gilt vor allem in ganz äußerlichen Dingen. So etwas läuft aber offensichtlich auch auf der Ebene der Seele ab.

HOHNEN Du siehst innerhalb dieses Rahmens nicht, dass ich im Partner mitunter jemand aus meiner Familie sehe und dort in eine Verstrickung gerate?

HELLINGER Doch, das ist möglich. Wenn ich zum Partner ein kindliches Verhältnis habe, wie Sohn zur Mutter oder Tochter zum Vater, dann gibt es vielleicht aus dieser Dynamik das Übernehmen eines fremden Schicksals. Zwischen zwei reifen Partnern, wo jeder für sich steht, kann man sich das schwer vorstellen. Aber diese Reife ist nicht etwas, was man unbedingt erstreben muss, als könnte man das erstreben. Es ergibt sich einfach. Wir sind einfach auch noch Kinder und haben kindliche Anteile. Ich sehe das nicht negativ. Das wäre, glaube ich, ungerecht.

Kinder und Eltern

ULSAMER Kommen wir noch mal zum Verhältnis zwischen Kindern und Eltern. Wenn wir Herkunftsfamilien aufstellen, ist mein Eindruck in der letzten Zeit, dass es nur um eine wesentliche Sache geht. Diese wesentliche Sache ist, die Eltern zu achten und ihnen ihr Schicksal und das, was sie tragen, zu lassen.

HELLINGER Zwischen Eltern und Kindern ist der wesentliche Vollzug, dass die Kinder das Leben von ihren Eltern nehmen, wie es kommt – ohne Einschränkungen und auch mit den Grenzen, die ihnen dadurch gesetzt werden. Durch diese meine Eltern nehme ich das Leben. Es kommt mir nur über diese Eltern zu. Gleichzeitig sehe ich, dass die Eltern nur eine Durchgangsstation sind für den Strom des Lebens. Wenn ich noch weiter zurück blicke, dann nehme ich das Leben nicht nur von diesen Eltern, ich nehme es auch von weiter her. Das ist ein tiefer religiöser Vollzug, ein ganz demütiger Vollzug. Damit verzichte ich auf jede Vorstellung, dass ich vielleicht andere Eltern haben könnte oder sollte, oder dass meine Eltern anders oder besser sein müssten als sie sind.

Es ist die Achtung vor einem Geheimnis. Wenn ich das Leben zurück verfolge und hinter die Eltern sehe, dann hört es ja nicht bei den Großeltern auf, sondern kommt von unsagbar weit her. Der Ursprung des Lebens verliert sich im Nicht-Erkennbaren. Es reicht bis dorthin. Wenn ich mich daher vor meinen Eltern verneige und von ihnen das Leben nehme, wie sie es mir gegeben haben, dann richtet sich diese Verneigung auch an dieses Geheimnis, das hinter meinen Eltern wirkt, ohne es damit benennen zu wollen. Das ist religiös und das ist immer demütig, weil ich nichts anderes haben will und natürlich auch nichts anderes haben kann, als ich bekommen habe. Das gelingt einem kleinen Kind natürlich nicht. Es ist eine hohe Leistung, es so anzunehmen mit allem, was dazu gehört. Dort hört jeder andere Wunsch auf. In diesem Augenblick ist auch die Trennung von den Eltern zutiefst vollzogen, weil das Kind ja keine Wünsche mehr hat. Trotzdem ist alles voller Liebe und voller Achtung, aber es ist in diesem Augenblick ohne zusätzlichen Wunsch. Dann sind alle Kräfte mobilisiert, jetzt eigenständig das zu entfalten, was mir gegeben wurde.

Ich würde das hier losgelöst von den Aufstellungen sehen. Wenn das ins Bewusstsein dringt, ist es eigentlich nur die schlichte Anerkennung einer Tatsache, die offensichtlich ist. Mehr ist es im Grunde nicht. Wenn das einmal klar im öffentlichen Bewusstsein ist, dann werden viele es als Erleichterung empfinden, sich dieser Wahrheit zu fügen und ihren Eltern anders begegnen, auch ohne dass sie eine Aufstellung machen. Aufstellungen werden ja meistens nur dort gemacht, wo es besondere Störungen gibt. Es gibt aber viele Familien, wo alles mehr oder weniger in geordneten Bahnen verläuft. Nur gibt es zur Zeit eine weit verbreitete Auffassung, als dürfte man die Eltern anklagen und müsste von ihnen noch mehr fordern. Als könnten und müssten sie mehr geben als sie haben. Viele Therapeuten gehen mit diesem Strom, als dürften und müssten die Kinder ihre Eltern erst einmal ablehnen. Für mich ist das verrückt.

Aber wenn diese schlichte Tatsache anerkannt wird, dass unsere Eltern die einzig richtigen und die für uns besten sind, hat das etwas sehr Beruhigendes und Weitendes und Kräftigendes. Das wäre die Voraussetzung.

Und umgekehrt, wenn auch die Eltern anerkennen, dass sie in einem großen Strom schwimmen, und dass das Leben von weither durch sie durchfließt zu den Kindern, dann schauen auch sie auf die Kinder ganz anders, gelöster. Es wird dann nicht eine narzisstische Erfüllung im Kind gesucht, sondern im Einklang mit dem Größeren können sie die Kinder sich entfalten lassen, wie sie sind. Und sie können sie nehmen, wie sie sind.

ULSAMER Eine Frage noch zu Aufstellungen: Wir sehen bei den Verneigungen, dass das Kleine sich vor dem Größeren verneigt. Wenn jetzt zum Beispiel das Kind behindert ist, ist es dann angemessen, dass sich Vater oder Mutter vor diesem Schicksal oder vor dieser Behinderung verneigen? Oder ist das nicht angemessen? Denn oft fühlen sich die Eltern schuldig.

HELLINGER Im Einklang mit der großen Bewegung des Lebens nehmen sie das Ergebnis, wie es ist. Sie verneigen sich nicht vor dem Kind, sie verneigen sich vor dem Schicksal, vor ihrem Schicksal. Oft trennen sich Eltern bei Behinderungen, weil es zwischen ihnen einen geheimen Vorwurf gibt. Wenn sie das Kind aber in dieser anderen Haltung nehmen, führt es sie zusammen und gibt ihnen Kraft, dieses gemeinsame Schicksal zu bestehen.

ULSAMER Es scheint bei dem frühen Tod eines Kindes oder bei einer Behinderung für die Eltern oft leichter, sich in den eigenen Schmerz zu vergraben. Dann passiert die Trennung. Viel schwieriger scheint es für die Eltern, es gemeinsam zu tragen.

HELLINGER Sich bei der Hand zu halten und zu weinen, und sich dann entschließen, jetzt stehen wir dazu und nehmen es an, das bindet sie aneinander und macht sie groß.

HOHNEN Mich hat das Bild von der Durchgangsstation bewegt. Ich habe das Bild, es würde Klienten in meiner Gruppe helfen, wenn sie ihren Blick auf das erweitern, was du den religiösen Vollzug nennst, dass sie auf das schauen, was hinter ihren Eltern steht.

HELLINGER Erst muss der Blick auf die Eltern ganz klar sein, und dann erst schaut man hinter sie.

HOHNEN Beim Kind existiert immer erst einmal so etwas wie eine blinde Liebe. Die führt dann zu der weiteren Liebe, zu der erleuchteten Liebe als einem religiösen Vollzug. So verstehe ich das. Wann hast du davon erfahren? Welche Gesetzmäßigkeiten hast du festgestellt?

HELLINGER *Tilmann Moser* hat einmal schön in einem Podiumsgespräch von der Andacht der Kinder gesprochen, wenn sie ihre Eltern anschauen. Mit welcher tiefen Andacht sie auf sie schauen! Es ist sehr berührend das zu sehen. Das ist eine totale Hingabe. Und eine totale Freude, wenn der Vater oder die Mutter kommt! Im Grunde ist das etwas Wunderbares. Es gehört dazu. Diese Liebe als blind zu bezeichnen, ist unangemessen. So ist nun einmal die Liebe eines Kindes. Sie ist etwas unglaublich Schönes und Tiefes. Diese unschuldige Liebe berührt uns, wenn wir sie sehen.

Weil das Kind so total liebt, versucht es seinen Eltern Freude zu machen oder auch so zu werden, wie sie sind. Es geschieht immer aus dieser unbedingten Liebe. Dann kommen magische Vorstellungen hinzu, die in der Kinderseele angelegt sind und auch bei vielen Erwachsenen weiterwirken, dass wir durch eigenes Leid das Leid eines anderen mildern können. Oder dass wir durch eigenes Leid etwas sühnen können, was ein anderer sühnen muss. Diese Liebe ist blind. Sie führt zum Entschluss: „Ich tue es an deiner Stelle."

Oder: „Ich leide an deiner Stelle und rette dich." Das Kind verkennt, dass das nichts hilft. Insofern ist es blind. Das Kind verkennt auch, dass der andere liebt, nicht nur es selbst, dass es auch die Liebe des anderen achten muss, dass Eltern, zum Beispiel, sein Leiden nicht wollen.

In diesem Zusammenhang gibt es auch den anderen Entschluss: „Ich folge dir nach." Wenn ein Elternteil früh gestorben ist und das Kind mit ihm wieder verbunden sein will, dann sagt es das mit allen Konsequenzen. Auch das ist eine blinde Vorstellung, einmal, dass das möglich ist, und dann noch, dass sich der andere vielleicht darüber freut.

Die Lösung ist, dass das Vergebliche gezeigt wird und auch gezeigt wird, dass es einem Kind nicht zusteht, so etwas zu wollen oder zu tun. Das wäre eine Läuterung für das Kind. Diese Läuterung muss aber auch unsere Kultur miteinbeziehen, weil in ihr unter dem Einfluss des Christentums die Vorstellung weit verbreitet ist, dass ich für einen anderen etwas an seiner Stelle übernehmen kann oder muss. Dahinter gibt es eine Vorstellung von Gott: Wenn ich ihm etwas anbiete, dann nimmt er dem anderen sein Leid. All diese Vorstellungen widersprechen dem vernünftigen Denken und laufen auf einer magischen Ebene ab. Sehr viel religiöse Vorstellungen und Vollzüge laufen auch auf dieser magischen Ebene ab. Es ist gar nicht so leicht, sich daraus zu lösen. Das wäre hier die Läuterung.

HOHNEN Ich sehe in Aufstellungen immer wieder, dass eine Versuchung da ist, dem anderen etwas zurückzugeben, als ob man es jemals genommen hätte.

HELLINGER Genau. Das habe ich noch gar nicht so betrachtet. Völlig verrückt, wenn einer, zum Beispiel, sagt: „Ich gebe dir deine Schuld zurück."

HOHNEN Das wird manchmal symbolisiert mit einem Stein oder Ähnlichem, aber es ist im Grunde eine Verblendung.

HELLINGER Es bleibt sozusagen innerhalb der Verblendung.

HOHNEN Da ist immer noch dieser mythische Gedanke, dass man wirklich etwas übernommen hat.

ULSAMER Auf der anderen Seite erlebe ich es aber auch, dass anscheinend Kinder den Eltern doch eine Last abnehmen, wenigstens an der Oberfläche. In den Aufstellungen ist vielleicht das Kind belastet mit einer Krankheit, und die Eltern spüren nichts. In dem Moment, in dem sich das Kind verneigt, wird das Kind erleichtert, aber es passiert auch etwas bei den Eltern. Sie spüren und nehmen plötzlich etwas. Oder Vater oder Mutter sagen zunächst: „Ich kann es nicht tragen. Trag es du für mich." In dem Moment, in dem das Kind sich aber trotzdem mit Achtung verneigt, bekommen plötzlich Vater oder Mutter die Kraft und Würde, die vorher gefehlt hat.

HELLINGER Die Verneigung des Kindes macht die Eltern groß. Manche wehren sich dagegen und wollen diese, ihr eigene Größe nicht nehmen. Da sind Aufklärungsprozesse notwendig und eine geistige Entwicklung.

HOHNEN Ist dann die Familienaufstellung eine Abbildung der Wirklichkeit? Wenn die Stellvertreter der Eltern wirklich so tun, als ob sie die Last abgegeben haben?

Ich habe manchmal erlebt, dass diese Kinder, wenn sie zu ihren wirklichen Eltern fahren, ganz anders zurückkommen. Sie haben nicht mehr die gleichen Gedanken wie früher im Kopf wie: Ich habe ihnen etwas abgenommen. Sie fragen mitunter ihre Eltern darüber und es ist klar, dass es eine Idee des Kindes war. Ich glaube, manchmal ist das eine Projektion des Kindes, es könnte wirklich den Eltern so etwas abnehmen. Was sich dann auch in der Aufstellung so manifestiert.

HELLINGER Die Familienaufstellungen sind ganz klar Wirklichkeitsabbildungen. Sonst könnten sie nicht diese Wirkung haben. Wenn eine Aufstellung richtig gemacht ist, ist sie ein klares Abbild der Wirklichkeit. Aber Wirklichkeit ist im Fluss, das muss man wissen. Man kann nicht dieses Bild, das im Moment aus dem Fluss auftaucht, verewigen. Das Bild wird ja nur aufgestellt, damit man eine Lösung findet. Die Lösung wirkt dann in vielfältiger Weise weiter. Insofern ist die Frage „Ist es wirklich so?" im Grunde müßig.

Ich wollte noch etwas zur Liebe zwischen Eltern und Kindern sagen. Wenn ein Kind früh stirbt und die Mutter es nicht ziehen lässt, dann wird die Mutter wie das Kind. Kinder werden oft erlebt, als seien sie ein Teil von einem selbst. Wenn dann ein Kind stirbt, dann ist es so, als würde auch ein Teil von einem selber sterben. Das ist ein ganz großer Schmerz. Hier kommt es aber zu einer Vermischung und das darf nicht sein. Das Kind ist selbstständig, nicht ein Teil von

83

den Eltern. Wenn es stirbt, darf es gehen, und die Eltern bleiben dabei ganz. Das ist, glaube ich, noch ein wichtiger Aspekt.

HOHNEN Auch hier stimmt das Bild der Durchgangsstation, dass das Kind zurückgegeben wird an etwas Größeres, aus dem es kommt.

HELLINGER Genau. Das berührt das Thema. Auch der Therapeut verhält sich oft magisch, als könnte er etwas für einen anderen übernehmen oder für ihn eine Lösung finden, obwohl es offensichtlich ist, dass es keine gibt. Das ist eigentlich ein kindliches Verhalten. Therapeuten, die immer so gütig sind und wider besseres Wissen doch noch nach einer guten Lösung suchen, haben etwas Kindliches. Der andere, der das klar anerkennt, erscheint dann als hart.

HOHNEN Eine spannende Unterscheidung: Der klare Therapeut und der magische Therapeut.

ULSAMER In einer Supervision von Aufstellern ging es um eine Aufstellung von einem Klienten und seinem Therapeuten. Der Klient sagte: „Ich möchte deine Hilfe." Mein Vorschlag an den Therapeuten war zu sagen: „Ich kann dir nicht helfen."

HELLINGER Genau. Das war eine wichtige therapeutische Intervention. Damit es klar ist, dass man die Lösung nicht auf einen anderen verschieben kann.

ULSAMER Es war erstaunlich, wie der Klient plötzlich Kraft bekam und der Therapeut sich entspannte.

HOHNEN Man macht eine Aufstellung, und der Klient schreibt einem danach: „Ich habe jetzt noch einmal nachgefragt, die Tatsachen in meiner Familie waren eigentlich ganz anders. Es war nicht mein Onkel, sondern es war der Nachbar." So etwas passiert. Die Frage ist jetzt: Eine Aufstellung ist nicht immer hundert Prozent Wahrheit. Stimmt das?

HELLINGER Sie ist nicht vollständig. Wenn etwas nicht bekannt ist, kann ich es auch nicht abbilden. Dann stellt man noch einmal neu auf. Es war sozusagen ein Schritt. Die Aufstellung selbst hat zum nächsten Schritt geführt. Insofern war sie auch ein Stück Wirklichkeit.

Sehr häufig meint jemand in einer Aufstellung, er sei nicht von seinem Vater. Doch nach einem Vaterschaftstest wird eindeutig klar, das Kind ist doch von ihm. So etwas darf man nicht aus den Aufstellungen ableiten. Aus den Aufstellungen werden Beziehungen abgeleitet.

Man muss aber auch bedenken, dass in einer Aufstellung vielleicht etwas abgebildet wird, was früher in der Familie war. Wenn jemand sagt, er ist sich nicht sicher, ob der Vater sein Vater ist, muss es sich vielleicht gar nicht auf seinen Vater beziehen. Statt dessen identifiziert er sich mit jemand anderem.

HOHNEN Das sind die so genannten Irrläufer im System, von denen du gerade redest? Sätze, die eigentlich woanders hingehören?

HELLINGER Ja, in gewisser Weise. Das Gefühl ist dann von jemand anderem übernommen. Wenn jemand besonders das Märchen vom „hässlichen Entlein" liebt, dann deutet das darauf hin, dass ein Kind untergeschoben wurde. Denn dieses Märchen ist eigentlich die Geschichte eines untergeschobenen Kindes. Das heißt aber nicht, dass diese Person selber untergeschoben ist, sondern dass in der Familie ein Kind untergeschoben wurde, vielleicht sogar zwei oder drei Generationen vorher. Man darf das nicht gleich vordergründig anschauen, man muss auch die Tiefendimensionen sehen.

ULSAMER Mein Bild ist, dass es immer verschiedene Schichten von dieser Realität oder Wahrheit gibt. Bei einer Aufstellung zeigt sich vielleicht nur eine Schicht, die man zu diesem Zeitpunkt erleben kann und darf. Wenn ich am Anfang einer Gruppe jemand, der vielleicht sehr viel Druck hat, eine Aufstellung machen lasse, dann ist die Aufstellung oft sehr oberflächlich. Und der Klient ist unzufrieden, weil er spürt, das ist zwar nett an der Oberfläche, aber darunter ist noch viel Spannung, die gar nicht ans Licht kommt. Wenn jemand zwei, drei Tage später dieses gleiche Thema stellt, ist plötzlich so viel mehr Intensität und Tiefe möglich. Deswegen empfinde ich eine Aufstellung wie eine Schicht.

HELLINGER Ich finde das ein schönes Bild. Das erlaubt uns die Einsicht, auch wenn das Vordergründige nicht das letzte ist, ist es doch eine Wirklichkeit – aber nicht die ganze. Und die nächsten Schichten können später folgen. Das hängt auch vom inneren Wachstum ab.

HOHNEN Also nicht ein Teil der Wirklichkeit, sondern eine Schicht der Wirklichkeit.

HELLINGER Ja, das ist besser.

ULSAMER Noch ein Beispiel: Eine Frau machte eine Aufstellung. Ihre Eltern hatten sich scheiden lassen, als sie noch klein war. Den Vater hatte sie später nicht mehr gesehen. In der Aufstellung war der Vater völlig von Frau und Kind weggestellt und abgeschnitten. Ein Jahr später stellte sie in einer Aufstellung wieder sich und die Eltern auf. Plötzlich floss so viel Liebe zwischen Mann und Frau. Vorher war dieser Teil der Wirklichkeit überhaupt nicht sichtbar.

HELLINGER Man kann auch vorher in einer Aufstellung auf diese tiefe, innere Ebene hinführen durch die Art, wie man die Schritte setzt.

Vom magischen Denken

ULSAMER Nochmals zum Themenbereich magisches Denken. Es scheint, dass wir aus einem Zeitalter des magischen Denkens kommen. Im christlichen Gedankengut ist ja dieses magische Denken ein zentraler Bestandteil, von der Erbschuld angefangen bis zum

Sterben am Kreuz zur Erlösung der Menschheit. Es sieht jetzt so aus, als ob es langsam Zeit wird, sich dem zu stellen oder dem zu entwachsen.

HELLINGER Die Frage ist, ob nicht viele unserer so genannten aufgeklärten Ansichten eine neue Spielform der Magie sind. Nehmen wir nur einmal die Globalisierung mit der Vorstellung: Je größer desto besser. Das sind zum großen Teil magische Vorstellungen. Man muss aufpassen, dass man nicht von der einen Magie in die nächste fällt. Für manche hat auch das Familien-Stellen eine magische Qualität, dann nämlich, wenn sie meinen, damit alleine ihre Probleme zu lösen.

ULSAMER Es existieren ja der Wunsch, die Sehnsucht und die Hoffnung, zu erlösen oder erlöst zu werden. Dafür kann man Familien-Stellen auch als Mittel der Wahl einsetzen wollen.

HELLINGER Genau. Einige sehen das so.

HOHNEN Du würdest dich aber davon abgrenzen?

HELLINGER Ja. Alleine schon deswegen, weil ich die Grenzen des Familien-Stellens erkenne, und sehe, dass darüber hinaus manchmal noch andere Schritte notwendig sind, die auf eine noch tiefere Ebene gehen. Ich sehe das Familien-Stellen auch nur als einen Übergang. Sonst könnte es sich nicht so weiterentwickelt haben, wie es sich weiter entwickelt hat. Das, was sich entwickelt, ist nicht vollständig. Man muss der weiteren Entwicklung Raum geben. Damit relativiere ich es auch. In dem Augenblick bin ich nicht mehr magisch, sondern ich kann dann das, was überholt ist, lassen und brauche nicht an etwas festzuhalten.

HOHNEN Diese Entwicklung geht aber nicht in die Breite, sondern in die Tiefe?

HELLINGER Sie geht in die Tiefe, genau. Das mit der Breite besorgen dann die anderen.

HOHNEN Und die Tiefe ist nicht Heilung, sondern eher Zustimmung?

HELLINGER Es kommt darauf an, wie du Heilung verstehst. Die Tiefe ist nicht immer die Heilung von einer Krankheit, aber sie hat etwas Heilendes für die Seele. Sie macht gelassen und bereit und bescheiden. Solche Vorgänge werden auch als heilend erlebt im Sinne von: Etwas kommt zur Ruhe. Es ist Frieden spürbar und Verbundenheit, Einklang und ein tiefes Glück. Dann kann Äußeres nicht in dem Maße erschüttern wie vorher. Es hat auch gleichzeitig etwas Kraftvolles und Erlösendes.

ULSAMER Du hast gerade von den Grenzen des Familien-Stellens gesprochen, und dass manchmal auch noch andere Schritte nötig sind. Kannst du ein Beispiel geben?

HELLINGER Wir stellen manchmal nur zwei Stellvertreter auf, zum Beispiel für eine Person und ihre Krankheit. Das ist ja keine Familienaufstellung im bisherigen Sinn mehr. Jemand stellt sich aber einer Wirklichkeit. In diesem besonderen Rahmen kann er eine Lösung finden, die er alleine vielleicht nicht findet. Vielleicht hilft dabei auch das Umfeld der Gruppe mit, so dass ein Kraftfeld entsteht, in dem so etwas ablaufen kann. Auch wenn manchmal in einem Teilnehmer oder Stellvertreter etwas von ganz alleine abläuft, ohne äußeren Eingriff, ist das kein Familien-Stellen mehr. Da kommt etwas ganz Tiefes zum Vorschein und zeigt Wege und eine Richtung.

HOHNEN Ist das der Bereich, von dem du sagst, Familienaufstellungen gehen über Psychotherapie hinaus?

HELLINGER Ja, das wäre ein Beispiel. Psychotherapie setzt ja voraus, dass in der Psyche etwas krank ist und als krankhaft oder wie Krankheit erlebt wird, zum Beispiel eine Phobie oder Panikattacken oder

Folgen eines Traumas, die sich in der Seele auswirken, oder auch einfach die Neurosen, dass einer sich zum Beispiel einschließt, auch Depressionen und, natürlich, auch Psychosen. Man sucht dann Methoden, um das Leid eines Patienten zu lindern, und zwar psychologische Methoden. Das ist dann Psychotherapie. Da gibt es viele Methoden, die Gutes bewirken, und sie verdienen Anerkennung.

Das Familien-Stellen ist auch eine Methode, die psychotherapeutisch wirkt, zum Beispiel bei psychosomatischen Krankheiten.

Darüber hinaus gibt es aber auch andere Bereiche, in denen das Familien-Stellen hilfreich ist, zum Beispiel die Paarbeziehung, wenn Mann und Frau in eine Krise geraten. Was dann durch eine Aufstellung gelöst wird, hat manchmal auch etwas mit Psychotherapie zu tun, zum Beispiel, wenn ein Partner erkennt, dass er unbewusst einem verstorbenen Geschwister nachfolgen will und sich dann entschließt zu bleiben. Manchmal ist es aber etwas ganz Einfaches, zum Beispiel die Einsicht, dass auch frühere Partner anerkannt werden müssen. Das sehe ich dann in einem anderen Zusammenhang, nicht als Psychotherapie. Ich weiß nicht, wie man das benennen sollte, vielleicht Lebenshilfe. Manchmal könnte man auch Seelsorge sagen. Ich denke da an die Aufstellung einer Frau, die mit dem Auto einen Unfall verursacht hat und deren Mann seitdem schwer behindert ist. Sie meinte, sie sei so großzügig zu ihm, weil sie ihn pflegte, übersah aber völlig, dass sie das Auto gefahren hat. Wenn man das in Ordnung bringt, ist das keine Psychotherapie. Der Begriff Psychotherapie wäre hier lächerlich, denn das hat mit der Psyche in dem Sinne nichts zu tun. Es wird hier in einem Lebensvollzug eine Lösung gefunden, die zur Achtung führt. Die Lösung hier ließ die Frau erkennen, dass sie schuldig ist und dass der Mann ein Anrecht auf ihre Treue hat und darauf, dass sie bei ihm bleibt und ihn pflegt. Und sie musste ihm das auch sagen. Das hatte eine sehr befreiende Wirkung auf den Mann. Er kann jetzt sein Schicksal leichter tragen – und sie auch. Das geht über den Bereich der Psychotherapie hinaus.

Familienaufstellen und Psychotherapie

ULSAMER Ist es nicht immer die Haltung des Therapeuten, die darüber entscheidet, in welche Tiefe ein Therapeut dringt, unabhängig von der Methode? Wenn jemand eine gewisse Lebensweisheit besitzt, dann kann er sowohl Psychoanalyse, Gestalttherapie oder Verhaltenstherapie machen, er wird durch seine Arbeit den Klienten erreichen. Deswegen gibt es irgendwann Psychotherapie, die mit Familienaufstellungen betrieben wird, weil jemand mit seiner Haltung auf diese Weise herangeht.

HELLINGER Ich versuche jetzt, mich da hinein zu denken und zu fühlen. Nehmen wir an, jemand hat Angstattacken und will eine Psychotherapie haben und der Therapeut macht eine Aufstellung, um zu sehen, was ihn davon befreien kann. Der Therapeut benutzt die Familienaufstellung als eine psychotherapeutische Methode. Es ist gut, wenn er das macht. Wenn ich eine Aufstellung mache, bin ich manchmal auch in dieser Weise focussiert und bleibe dabei.

In der Regel sehe ich aber die Familie als etwas Großes und Wertvolles, für die ich auch etwas tue. Am Ende geht es darum, dass die Liebe wieder fließt, dass die Achtung da ist, dass Ausgeklammerte ihren Platz haben, dass solche, die man nicht ziehen ließ, jetzt ziehen lässt. Das hat etwas Heilendes in einem größeren Zusammenhang und ist nicht Psychotherapie im engeren Sinn. Es ist mehr als das.

HOHNEN Du hast einmal gesagt, dass es beim Familien-Stellen letztendlich immer um Leben und Tod geht. Dann kann ich – das meine ich mit der Unterscheidung – nicht dabei bleiben, dass ich nur die Phobie auflöse, sondern mein Blick geht weiter.

HELLINGER Ja, genau.

ULSAMER Der Unterschied ist dieser weite Blick. Dazu gehört beim Therapeuten auch ein innerer Abstand oder eine Kraft oder eine

Unabhängigkeit. Denn wenn ich mich in das Problem desjenigen, der vor mir steht, hineinziehen lasse, habe ich nicht diesen weiten Blick.

HELLINGER Der geht dann sofort verloren. Eine wichtige Methode, mit der man sich diesen großen, weiten Blick bewahrt, ist, dass man den Klienten nur wenig erzählen lässt. Je mehr er erzählt, desto mehr zieht er mich in sein Problem hinein. Drei, vier Sätze genügen in der Regel. Ich sehe einen Klienten sofort in seiner Familie. Ich sehe ihn als Mitglied seiner Familie schaue nicht nur auf ihn. Ich schaue auf das ganze Feld. Dann sehe ich, was aus dem Feld an Belastung kommt, aber ich sehe auch, was an Heilung und Hilfe kommt. Dem öffne ich mich. Der weite Blick ist ein schönes Bild. Wenn man sich den bewahrt, ist man in einem anderen, größeren Zusammenhang. Wer diesen weiten Blick hat, kann auch außerhalb der Psychotherapie anderen helfen.

HOHNEN Sprichst du auch deshalb immer explizit die Nicht-Psychotherapeuten an und ermunterst sie, Familienaufstellungen zu machen?

HELLINGER Ich achte jeden in seinem Bereich. Wenn einer ein Sozialarbeiter ist, dann achte ich ihn in seinem Bereich. Und wenn einer Lehrer ist, dann achte ich auch ihn in seinem Bereich. Oder wenn einer Bewährungshelfer ist, achte ich ihn in seinem Bereich.

Vor kurzem begegnete ich einem Jesuiten, der mit Bewährungshelfern arbeitet. Er schilderte, wie die Bewährungshelfer jugendliche Straftäter mit ihren Opfern zusammen bringen und sie diese anschauen lassen. Sie führen zum Beispiel den Jungen, der einer alten Frau die Handtasche weggerissen hat, in ihre Wohnung, damit er die Frau sieht. Dann wird ihm erst klar, was er gemacht hat. Danach versucht er, etwas zur Wiedergutmachung zu tun. Er geht, zum Beispiel, zu der Frau und hilft ihr beim Garten umgraben oder ähnliches. Er ist jetzt kein Krimineller mehr. Er hat jetzt einen anderen Blick für Mitmenschen. Auch das Opfer kann dann gütig sein.

Dieser Jesuit sagte mir, dass sie auf diese Weise 80 Prozent der jugendlichen Straftäter zurück bringen und dem Gemeinschaftsleben wieder eingliedern können. Ich finde es großartig, was da gemacht wird. Wenn ich zu diesen Bewährungshelfern als Psychotherapeut hingehen und ihnen Ratschläge geben sollte, wäre das lächerlich. Sie sind kompetent in ihrem Bereich. Der Sozialarbeiter ist kompetent und der Lehrer ist kompetent. Wenn er dann in seinem Bereich sieht, dass eine Familienaufstellung hilfreich ist, warum soll er es nicht machen? Oft braucht er sie gar nicht zu machen, wenn er weiß, was in den Seelen abläuft und was Ordnungen sind. Er kann das in das Gespräch einfließen lassen und dann wirkt es, ohne dass man es aufstellt. Aber wenn er das aufstellen will, wer sollte ihn hindern? Er bezieht sich dann nur auf seinen Bereich und will einem Kind helfen oder Eltern etwas klar machen, die deswegen doch nicht zum Psychotherapeuten zu gehen brauchen. Das gehört in den pädagogischen Bereich.

Hierzu ein kleines Beispiel. Eine Großmutter macht sich Sorgen um ihren Enkel, der, obwohl hochbegabt, in Gefahr war, sitzen zu bleiben. Sie ließ ihn sich und die Schule aufstellen. Erst hatte der Enkel Panik und sagte: Ich muss hier raus, ich dreh mich um, mir wird schlecht. Nach dreißig Minuten konnte er der Schule die Hand geben. Schon eine Woche später schrieb er in der Schule gute Arbeiten und wurde versetzt.

HOHNEN Ich möchte noch etwas zu Kindern fragen. Wenn, zum Beispiel, ein Geschwister vor mir früh gestorben ist und sich beim Familien-Stellen zeigt, dass ich mit diesem Geschwisterkind identifiziert bin, geht die Identifizierung über die Eltern oder siehst du innerhalb der Geschwister auch etwas Eigenständiges?

HELLINGER Ich sehe da schon Eigenständiges, ganz klar. Es wirkt die unmittelbare Beziehung zur Familie als Ganzes. Es geht nicht über die Eltern.

HOHNEN Auch wenn ich erst danach gezeugt wurde?

HELLINGER Die Familie fühlt sich als ein Ganzes. Das spätere Geschwister fühlt sich von daher auch dem toten Geschwister verbunden.

HOHNEN Das heißt, die Kinder schauen auch mit der gleichen Liebe wie die Eltern auf die älteren Geschwister?

HELLINGER Ob es die gleiche Liebe ist, weiß ich nicht – aber schon mit tiefer Liebe.

HOHNEN Und daraus resultieren dann ähnliche Dynamiken und Verstrickungen, wie wenn es über die Eltern geleitet ist? Mein Bild bisher war immer eher, es ist die Liebe des Kindes zu den Eltern. Die Eltern schauen auf das tote Kind und ich stelle mich auf den Platz des toten Kindes, um die Liebe meiner Eltern zu bekommen oder um diese Liebe zu erfüllen.

HELLINGER Das mag sein, wenn etwas ganz verdreht ist, aber das Kind fühlt sich der ganzen Familie dazugehörig und die Eltern fühlen sich allen Kindern zugehörig. Wenn da jemand fehlt, der nicht anerkannt ist, ergibt sich daraus eine Verstrickung.

HOHNEN Manchmal verdeutlichst du das Schicksal eines Kindes, das andere vertritt, mit dem berühmten Beispiel des Kindes, das die Tasse bekommt, auf der der Name des verstorbenen anderen Kindes steht.

HELLINGER Da entsteht die Dynamik dadurch, dass die Eltern das nächste Kind nicht als eigenständiges Kind sehen, sondern noch an dem vorhergehenden hängen. Diese Dynamik geht von den Eltern aus – nicht vom Kind.

HOHNEN Aber das Kind folgt dem.

HELLINGER Es kann ja gar nicht anders.

ULSAMER Ich erlebe in Aufstellungen eine doppelte Verbindung im Kind, das ein Geschwister verloren hat. Es gibt den eigenen Schmerz und die eigene Verbundenheit mit dem verstorbenen Bruder oder mit der Schwester und dann eher dieses Schuldgefühl. Manchmal trägt das Kind noch Schmerz mit für Vater oder Mutter. Das mischt sich oft und deswegen muss man es in der Aufstellung getrennt anschauen.

HELLINGER Es geht hier um die Lösung. Die Lösung ist immer, dass die Eltern das tote Kind erst noch einmal liebevoll anschauen und sagen, dass sie ihm alles gerne gegeben haben und es dann in Frieden ziehen lassen. Dann nehmen sie die anderen Kinder als eigenständig an und lassen sie sein, wie sie sind.

HOHNEN Du hast früher häufig in einer Aufstellung die Eltern zu so einem Kind sagen lassen: Ich gebe dir noch eine Weile einen Platz in meinem Herzen. Manchmal hast du gesagt: Man zeigt einem solchen Kind für ein Jahr lang die schönen Dinge der Welt. Würdest du das so weiterhin sagen für ein Geschwister, oder ist das eher eine Aufgabe der Eltern?

HELLINGER Das ist eine Aufgabe der Eltern, nicht eines Geschwisters. Es kommt darauf an. Wenn sich ein erwachsenes Kind an das früh verstorbene, vielleicht behinderte Geschwister erinnert, das in der ganzen Familie ausgeklammert ist, dann lasse ich es dem andern sagen: „Ich gebe dir einen Platz in meinem Herzen und ich zeige dir eine Zeit lang auch die Schönheit der Welt, und dann lasse ich dich in Frieden." Das kann hier angemessen sein. Aber das kleine Kind kann das nicht sagen, das steht ihm nicht zu. Aber das erwachsene Kind macht das im guten Sinne dann stellvertretend für die ganze Familie.

ULSAMER Ich bin noch bei dem Thema: eigenständige Beziehungen innerhalb einer Familie. Was geht über die Eltern und was ist eigenständig. Und zwar erlebe ich manchmal auch eine Beziehung zu den Großeltern oder auch zu Onkeln und Tanten, die eigenständig ist.

HELLINGER Es ist einfach so, dass innerhalb der Familie jeder sich mit jedem verbunden fühlen und mit ihm auch eine eigene Beziehung haben kann, die nicht immer über die Eltern läuft. Zum Beispiel das Gefühl: den Onkel habe ich gerne und die Tante habe ich gerne und die Großeltern habe ich auch gerne. So läuft es ab und so muss man es anerkennen.

ULSAMER Wir haben vorhin davon gesprochen, wie die Arbeit in der Tiefe weiter geht, aber auch in der Breite. Kannst du etwas zur Breite sagen? Was tut sich mit den Aufstellern insgesamt?

HELLINGER Wenn ich von der Tiefe spreche, dann spreche ich von einer konkreten Aufstellung, die in die Tiefe gegangen ist. In die Breite oder in die Weite geht es, wenn das Familienstellen oder diese Einsichten – die Ordnungen der Liebe – ein größeres Publikum erreichen und auch von mehreren vertreten werden. Die Vertiefung ist dann eine Sache der Einzelnen, inwieweit sie sich dem stellen können. Es ist natürlich so, je mehr etwas in die Breite geht, desto flacher wird es auch oft. Aber wenn Einzelne, die diese Haltung und Erfahrung haben, in die Tiefe gehen, wird diese bewahrt.

ULSAMER Die Arbeit scheint ja gleichzeitig mit der Breite auch in der Tiefe weiter zu wachsen. Es gibt jetzt so viele, die gleichzeitig aufstellen, und das scheint eine Wirkung zu haben, weil wir auch mit denen irgendwie verbunden sind. Ich habe mir neulich im Seminar vorgestellt, jetzt am gleichen Wochenende gibt es 100 Aufsteller, die ebenfalls irgendwo aufstellen.

HELLINGER Man kann das nicht genau sehen. Aber was man beobachten kann ist, dass gewisse Themen, die hochkommen, zum Beispiel mit den Lebenden und den Toten, gleichzeitig bei vielen Aufstellern auftauchen, auch wenn diese gar nicht miteinander in Verbindung stehen. So erfährt auch die Bewegung als Ganzes eine Vertiefung oder entwickelt sich weiter, ohne dass es von einem Einzelnen abhängig wäre. Im Einklang mit einer größeren Bewegung werden diese Themen einfach fällig. Ich sehe das Familien-Stellen selbst innerhalb von einem breiteren Strom, der diese Themen hoch spült.

ULSAMER Familien-Stellen in dieser Form ist ja weitgehend durch dich und aus dir entstanden. Du sagst, du erhebst keinen Monopol-Anspruch auf diese Einsichten. Du gibst sie frei. Trotzdem oder gleichzeitig hast du wahrscheinlich auch eine gewisse Verantwortung, so wie wenn durch Eltern das Leben hindurchfließt. Oder wie siehst du das? Siehst du da eine Verantwortung für dich?

HELLINGER Ich sehe keine. Ich habe mir diese Einsichten ja nicht erarbeitet, sie sind nicht der Lohn meiner Arbeit, sondern sie fließen aus vielen Quellen. Deswegen dürfen sie auch weiter fließen und dürfen aufgegriffen werden. Was einer damit macht, ist seine Sache. Sonst würde ich mich ja verhalten, als hätte ich einen Anspruch, als würde ich es für mich selbst beanspruchen. Das mache ich nicht.

ULSAMER Ganz gleich, ob du etwas tust oder nicht tust, es hat ja irgendwo eine Auswirkung. Du steuerst damit in eine bestimmte Richtung.

HELLINGER Ich stelle meine Einsichten zur Verfügung, immer wieder neu. Auch das, was sich inzwischen weiter entwickelt hat, stelle ich zur Verfügung.

ULSAMER Ich hatte dich vor einigen Jahren angeschrieben, weil ich eine Aufstellung bei dir machen wollte. Du hattest mir dann drei Aufsteller empfohlen. Das war schon ein Anfang einer Aufstellerliste. Klar hättest du mir sagen können, suche dir allein irgendjemand, aber du hast mir jemand empfohlen.

HELLINGER Wenn es allgemeine Anfragen sind, schicke ich einfach die von der Arbeitsgemeinschaft für systemische Lösungen erstellte Liste, ohne irgendwelchen Zusatz. Manchmal hat jemand eine spezielle Anfrage. Viele von denen, die auf dieser Liste stehen, kenne ich ja gar nicht. Aber einige von denen, die ich dann kenne, kreuze ich für jemanden an, wenn es um schwere Fälle geht.

Über das Lernen von Familienaufstellungen

HOHNEN Kann man Familienaufstellung lernen?

HELLINGER Gewisse Dinge kann man lernen. Selbst wenn einer die achtsame Grundhaltung hat, kann er deswegen noch nicht das Familien-Stellen. Er braucht Wissen, er muss es sehen und dann kann er bestimmte Dinge lernen. Er braucht daher nicht noch einmal von der Wurzel anfangen, weil andere den Weg schon gegangen sind. Er kann den Weg ruhig mitgehen. Wenn er ihn offen mitgeht, kann er ihn auch eigenständig weiter gehen.

HOHNEN Siehst du dich in dem Zusammenhang als Lehrer?

HELLINGER Ich verstehe mich in dem, was ich tue, weitgehend als Lehrer, der Leuten etwas vermittelt, die etwas wissen wollen und der sie sozusagen für die Zukunft fit macht.

HOHNEN Steht man bei dir also in einem expliziten, zwar nicht vertraglich geregelten, aber doch Lehrer-Schüler oder Lehrer-Lernender-Verhältnis?

HELLINGER Nein. Wenn ich in einen Vortrag gehe und der Vortrag bringt mir etwas, bin ich deswegen nicht der Schüler des Vortragenden. Aber ich habe bei ihm etwas gelernt. So würde ich das auch hier sehen.

HOHNEN Man kann also sagen, man hat von Bert Hellinger gelernt, aber man kann nicht sagen, ich habe bei Bert Hellinger eine Lehre gehabt, in einer Weiterbildung oder Fortbildung?

HELLINGER Nein, das kann man nicht sagen. Das habe ich auch nie gemacht. Ich habe das Familien-Stellen nie als Fortbildung angeboten, in dem Sinne, dass dann einer qualifiziert und autorisiert ist. Nein, das macht jeder für sich selbst.

ULSAMER Dann gibt es wahrscheinlich jemand der dich zehn oder zwanzig Jahre begleitet hat und sagt, er hat bei dir gelernt, und jemand anderes hat ein Buch gelesen oder ein Video gesehen und sagt, das habe ich bei Bert Hellinger gelernt.

HELLINGER Beide haben bei mir gelernt. Ich habe ja darüber wenig Überblick.

ULSAMER Und du sagst, du belastet dich dadurch auch nicht, dass du dir den Überblick verschaffst?

Über die Entwicklung des Familien-Stellens

HELLINGER Überhaupt nicht. Das wäre schlimm, dadurch würde ich die Entwicklung stoppen. Ich meine, stoppen kann ich sie sowieso nicht, aber ich hätte die Illusion, ich könnte sie beeinflussen – und die habe ich nicht. In den Videos, die veröffentlicht wurden, sind schöne Beispiele von Aufstellungen und Grundhaltungen. Sie haben in sich eine fördernde und auch eine zügelnde Wirkung, so dass man nicht leichtfertig mit dem Familien-Stellen umgeht. Die Videos sind ein Medium, das gewisse Standards setzt, für den Anfang natürlich nur.

HOHNEN Zum Ganzen gehören auch die schlimmen Sachen, die schlimmen Gesellen. Wenn du auf die Bewegung der Familienaufstellungen schaust, siehst du auch manches – wenn wir die Illusion hätten, wir könnten das kontrollieren –, wo du diesen schlimmen Gesellen oder diesen schlimmen Dingen lieber die Tür weisen würdest?

HELLINGER Nein.

HOHNEN Weil du sie nicht siehst - oder weil du sagst, sie gehören dazu?

HELLINGER Ich denke weder das eine noch das andere. Ich lasse jeden sein eigener Esel sein.

HOHNEN Warst du selber mal dein eigener Esel?

HELLINGER Bitte? Das bin ich laufend – leider.

HOHNEN Wenn du auf deine Arbeit zurückschaust, gibt es da Entwicklungsschritte, wo du sagst, das würde ich heute anders machen?

HELLINGER Ja schon. Jeder Entwicklungsschritt ist damit verbunden, dass ich etwas falsch gemacht habe und mir das plötzlich bewusst wurde. Erst über dieses Falsch-gemacht-haben wird mir bewusst, aha, da ist ein Gesetz wirksam. Das gehört notwendigerweise dazu.

HOHNEN Gibt es da irgendein herausragendes Beispiel, von dem du sagst, das hat seinen Stellenwert, aber heute würde ich das nicht mehr als Lehr-Video veröffentlichen?

HELLINGER Bei den Videos habe ich keine Bedenken. Natürlich ist in den Videos eine Entwicklung spürbar. Aber da ist nichts, von dem ich sage, das möchte ich herausschneiden, das möchte ich nicht drin haben. Wenn etwas dabei schief gelaufen ist, ist es auf eine Weise schief gelaufen, dass man dennoch etwas lernen kann.

HOHNEN Hast du ein Beispiel, wo etwas schief gelaufen ist, was dich zu einer neuen Einsicht gebracht hat?

HELLINGER Ja, ein Beispiel von früher. Da hatte ich einer Frau in der Primärtherapie die Gefühle, die sie gezeigt hat, als persönlich zugeschrieben, weil ich noch nicht wusste, dass es die übernommenen Gefühle gibt. Das hat mir sehr weh getan. Ich habe sie später auch noch einmal getroffen und ihr das dann gesagt. Aber ich wäre nicht auf diese wichtige Einsicht gekommen, wenn ich das nicht erfahren hätte. Es war auf gewisse Weise auf ihre Kosten, aber es kam vielen zugute. Sie hat bezahlt, nicht nur ich.

HOHNEN Also, wieder das gleiche: man macht sich schuldig. Und auch dadurch entsteht etwas Neues.

HELLINGER Schuldig in dem Sinn, dass ich es einfach nicht gewusst habe. Ich habe etwas falsch gemacht. Schuldig würde ich dazu nicht sagen.

HOHNEN Ich meine schuldig, in dem Sinne, dass man in etwas hineingeht, ohne es vorher schon genau zu wissen.

HELLINGER Das ist sowieso bei all dem so. Was ich in der Therapie mit dieser Frau gelernt habe, ist eine so grundlegende Einsicht, dass sie den Preis wert ist, den sie gekostet hat. Auch für diese Frau war diese Einsicht, dass es so etwas gibt, im Nachhinein wichtig.

ULSAMER Ich komme auf den Preis der Entwicklung. Es gibt inzwischen viele hunderte oder tausende Familienaufsteller. Du hast einmal einen Satz gesagt, jede Kuh hat einmal als Kalb angefangen – also es geht um viele Kälber, die jetzt anfangen, und es kostet natürlich einen Preis. Es verletzt Leute, manche erleiden auch Schaden dadurch. Aber es ist wohl ein Preis, der mit dazu gehört.

HELLINGER Mit dem Schaden bin ich sehr vorsichtig. Denn es ist jeder frei, wenn etwas schief gelaufen ist, das anders zu sehen, wenn er möchte. Er kann sich dem auch entziehen und kann woanders Hilfe holen. Wenn er dann den Schaden heraushebt und sagt, der hat mir jetzt einen Schaden zugefügt, dann verschließt er etwas in seiner eigenen Seele. Er verhärtet sich und schließt damit die nächsten Schritte aus.

Während meiner Primärtherapie habe ich gesehen, was für Fehler dort neben dem Großartigen gemacht wurden. Große Fehler wurden da gemacht, tiefgreifende Fehler. Ich habe aber nichts gesagt. Ich habe von ihnen gelernt, was sie mir angeboten haben, mir hat das keinen Schaden zugefügt – außer, dass ich mir einmal die Rippen gebrochen habe, weil ich dazwischen ging, als die Therapeuten einen blinden Vater nicht vor seinem Sohn geschützt haben. Aber geschadet haben sie mir nicht. Ich konnte unterscheiden, was ich nehme und was ich nicht nehme. Das kann ein anderer auch machen.

Der schlimmste Schaden entsteht durch das Schüler-sein und Schüler-bleiben, oder Kind-sein und Kind-bleiben, statt dass man selbst die Dinge in die Hand nimmt. Viele Klienten gehen bei einem Psychotherapeuten noch einmal in die Kind-Position und verhalten sich, als seien sie ein Kind und seien dem Therapeuten wehrlos ausgeliefert – statt dass sie sich sagen, nein das tut mir nicht gut, da gehe ich weg.

ULSAMER Diese innere Abhängigkeit ist vielleicht das, weshalb der Klient in Therapie kommt. Auf der anderen Seite denke ich jetzt an meine eigenen Erfahrungen, wo ich schon viel eingesteckt habe in früheren Therapie-Erfahrungen. Auf lange Sicht hat es mir genutzt. Es war aber ein harter Weg.

HELLINGER Aber langsam kann man sich daraus lösen.

ULSAMER Irgendwann reicht es einem, man sieht, was man sich auch selber damit antut.

HELLINGER Statt dass man als Schaf beim Hirten bleibt, wird man ein selbstständiges Schaf.

HOHNEN Gibt es Fälle, wo du von Familienaufstellungen absiehst, wenn du siehst, das ist hier nicht indiziert? Zum Beispiel, weil du spürst, es ist wenig von der eigenständigen Seele da, die korrigiert?

HELLINGER In so einem Fall würde ich immer davon absehen. Wenn einer unbedingt die Lösung von der Familienaufstellung erwartet, ohne dass er mit sich selbst in Verbindung ist, mache ich das nicht.

HOHNEN Woran erkennst du das, wenn du mit den Klienten zusammen bist? Zum Beispiel in so einem Kurs? Was die Leute sagen, ist ja manchmal ähnlich.

HELLINGER Man merkt, ob einer eine Aufstellung braucht, an der Weise wie er sein Problem schildert. Wenn er ein konkretes Anliegen hat, kann man es fast immer machen. Wenn er es allgemein schildert, zum Beispiel: „Ich möchte mich weiter entwickeln", dann mache ich keine Aufstellung. Da ist kein Ernst dahinter, keine Bereitschaft oder Not, etwas in Ordnung zu bringen.

Natürlich gibt es Situationen, die nicht mit der Familien-Situation zusammenhängen. Zum Beispiel wenn es um Traumata geht oder um die Folgen einer frühen unterbrochenen Hinbewegung, sind oft andere Methoden angezeigt als das Familien-Stellen.

HOHNEN Ganz konkret: Weshalb unterbrochene Hinbewegung nicht über Familienaufstellen? Ich finde, das ist ein sehr spannender Bereich, den du doch jedes Mal sehr extra behandelst.

HELLINGER Es geht nicht um etwas, das mit Verstrickungen zu tun hat. Es hat mit einer persönlichen Beziehung zu tun, die sich nicht erfüllen konnte. Deswegen muss diese Beziehung wieder hergestellt werden. Das kann nicht über eine Familienaufstellung geschehen, sondern der Therapeut nimmt dann die Position der Mutter oder des Vaters ein und lässt den Klienten die unterbrochene Hinbewegung nachholen.

HOHNEN Ich habe das bei dir auch schon aufgestellt gesehen. Du stellst Mutter und Kind auf. Und dann ergibt sich von dort alleine eine Bewegung.

HELLINGER Ja, aber die reicht in der Regel nicht. Es ist sozusagen ein Anfang. In der Tiefe muss man mit anderen Methoden arbeiten.

HOHNEN Wenn du konkret mit der unterbrochenen Hinbewegung

arbeitest, dann arbeitest du ja im Grunde noch einmal mit dem Geburtsvorgang.

HELLINGER Wenn man den Klienten sich sammeln lässt, zeigt sich oft sehr bald, dass eine Hinbewegung beginnt. Ich lasse mich als Therapeut darauf ein, stelle mich zur Verfügung und halte den Klienten fest. Dann schlägt das meistens um in die Geburt. Wenn ich ihn festhalte, dann ist es für ihn noch einmal so, als ob er im Mutterschoß ist. Das hat eine gewisse Ähnlichkeit, so dass diese Bewegung dadurch ausgelöst wird. Die ursprüngliche Hinbewegung zur Mutter geschieht ja in der Regel nach der Geburt, wenn das Kind an die Brust genommen wird. Durch die Wiederbelebung der Geburt kommt man an diese ursprüngliche Hinbewegung. Wenn diese Bewegung in dieser Übung ans Ziel kommt, kann man das als positiven Anker benutzen. Der Therapeut hält den Klienten in Stellvertretung der Mutter fest – das ist der positive Anker – und geht dann mit ihm durch die traumatischen Unterbrechungen seiner Hinbewegung zu ihr, bis die sich neutralisieren und auflösen. Diese Methode geht zurück auf das NLP (Neurolinguistisches Programmieren) und ist in diesem Zusammenhang sehr hilfreich.

HOHNEN Überspitzt gesagt, die traumatischen Erlebnisse werden aufgelöst, indem ich bei meiner Mutter, nahe meiner Mutter bin?

HELLINGER Ja. Ich erfahre dabei ihren Schutz und ihre Nähe, so wie das Kind das ursprünglich erlebt hat oder erleben sollte. Das ist der positive Anker. Die negativen Erfahrungen können dann klar angeschaut werden und lösen sich auf, weil gleichzeitig dieser Schutz da ist. Auf diese Weise kann man viele traumatische Kindheitserlebnisse ganz schnell, eines nach dem anderen auflösen.

ULSAMER In mir ist die Frage aufgetaucht, ob nicht jede Hinbewegung vom Kind unterbrochen wird, nicht durch ein traumatisches Ereignis, sondern durch viele Ereignisse? Als ob es wie zum Kindsein gehört, dass diese ursprüngliche Hinbewegung innerlich angehalten wird?

HELLINGER Jede Hinbewegung wird einmal unterbrochen, einfach durch die Lebensereignisse. Das schadet auch nichts. Anders ist es bei den traumatischen Unterbrechungen wie langer Krankenhausaufenthalt als Kind oder der Tod der Mutter oder wenn die Mutter lange Zeit krank ist. Auch eine häufige Zurückweisung des Kindes wirkt sich so aus.

HOHNEN Gibt es auch so etwas wie eine unterbrochene Hinbewegung zum Vater?

HELLINGER Ja, klar.

HOHNEN Erzähle einmal darüber etwas. Der Geburtsvorgang fällt da ja weg. Woran erkennst du es?

HELLINGER Auch hier geht die Bewegung erst zur Mutter, zum Beispiel durch das Wiedererleben der Geburt. Dann erst geht sie zum Vater.

ULSAMER Ist dir diese Einsicht erst im Laufe der letzten Jahre gekommen? Ich kenne niemand, der diesen Schritt in dieser Tiefe begleitet.

HELLINGER Die Primärtherapie hat den Grund gelegt. In der Primärtherapie wurde mir immer deutlicher, dass die meisten Gefühle, die dort zum Ausdruck kamen, das Eigentliche zugedeckt haben – nämlich die Liebe. Diese Liebe tut am meisten weh.

ULSAMER Es geht also nicht um den „Urschrei", also den Urschmerz, der herausgeschrien wird?

HELLINGER Nein. Der Urschmerz ist eigentlich der Schmerz bei einer Trennung. Es gibt von Konrad Lorenz ein Beispiel von einem Urschrei bei seinem Hund. Lorenz musste nach Königsberg fahren. Sein Hund ist ihm nachgesprungen in den Zug und Lorenz hat ihm einen Tritt gegeben, so dass er aus dem Zug flog. Lorenz konnte sich nicht anders helfen. Der Hund war danach völlig verstört, ganz aggressiv und gefährlich und musste in einen Zwinger eingesperrt werden. Konrad Lorenz kam erst nach einem Jahr zurück. Als der Hund ihn sah, stieß einen Urschrei aus, wirklich einen Urschrei, herzzerreißend – und war wieder völlig normal. Am Beispiel dieses Hundes kann man sehen, was eigentlich ein Urschrei ist. Es ist der Schmerz bei einer Trennung.

ULSAMER Aber er kam erst in dem Moment, wo die Begegnung wieder möglich war? Vorher war es nicht möglich?

HELLINGER Ja, weil er ja auf den Hund zugegangen ist, konnte sich dieser Schrei lösen.

ULSAMER Die Lösung ist die Hinbewegung, die Liebe. Und der Schmerz ist ein Teil?

HELLINGER Wenn man den Schmerz kultiviert oder die Aggression, die aus der Trennung kommt, dann verhindert man die Lösung. Man zementiert die Trennung, statt dass man zur Lösung geht. Diese Einsicht kam mir aus der Primärtherapie, dass es zum Schluss auf diese liebende Hinbewegung ankommt.

ULSAMER Du hast ja auch rausgefunden, dass die primäre Arbeit gar nicht so lange dauern muss. Du hast ja mit vier Monaten angefangen.

HELLINGER Und höre bei zwei Stunden auf.

ULSAMER Hat das dieselbe Kraft? Ist dann in diesen 2 Stunden das Wesentliche geschehen?

HELLINGER Das Wesentliche ist geschehen.

ULSAMER Wenn man das so nimmt, könnte man eigentlich die Therapien auf diese zwei Bereiche beschränken? Man macht eine Familienaufstellung, um sich den Eltern und dem Familienschicksal zuzuwenden. Und man hat eine Primärsitzung, um die Hinbewegung wieder herzustellen. Ist das die Essenz?

HELLINGER Ich meine, es sind zwei wichtige Methoden, aber die anderen Methoden bringen ebenfalls viel Bereicherndes hinzu. Ich nehme nur einmal die Hypnotherapie, das NLP oder die Verhaltenstherapie, auch die Psychoanalyse in vielen Bereichen.

ULSAMER Aber sind das nicht alles Unterstützungen in eine Richtung? Was ist das Wesentliche?

HELLINGER Ich arbeite mit diesen zwei Methoden, angereichert durch NLP, die Hypnotherapie, und viele andere. Ich setze mich vielem aus. Hätte ich nicht auch diese anderen Erfahrungen, wäre es für mich eine große Verarmung. Ich möchte sie nicht missen.

HOHNEN Du bist manchmal fast böse, wenn jemand schon ganz viel Therapie gemacht hat. Du wendest dich gegen die Therapeutisierung der Gesellschaft, oder dass man sein Leben als Therapie verbringt. Was meinst du damit?

HELLINGER Das ist jetzt natürlich eine Fangfrage.

HOHNEN Ich habe den Widerspruch gehört. Einerseits ist viel Gewinn aus Therapien zu ziehen. Aber manchmal erlebe ich dich, dass du sehr klar bist, das quasi von dir weisen willst und im Grunde da auch erzieherisch wirkst, indem du sagst: Leute hört auf, so viel Therapie zu machen. Es ist nicht wesentlich, es führt euch vom Wesentlichen weg.

HELLINGER Der Unterschied ist, ob jemand in einer Not oder in Schwierigkeit ist und die Hilfe sucht, die er dafür braucht. Dann ist die Therapie angebracht. Selbst wenn einer viel Therapien gemacht hat und ich merke, er hängt irgendwo und kommt nicht weg davon, dann helfe auch ich ihm mit Psychotherapie.

Dann gibt es einige, die verlegen die Lösung nach außen, erwarten sie von einer Therapie, ohne selbst zu handeln, obwohl sie es könnten. Oder sie wollen einem Therapeuten zeigen, dass auch er ihnen nicht helfen kann. Sehr häufig wollen diejenigen, die viel Therapie-Erfahrung haben, testen, ob sie dem neuen Therapeuten beweisen können, dass auch er nichts kann. Das blocke ich ab.

ULSAMER Ich habe eine Frage zum Thema Aufstellung. Eigentlich wäre der Überbegriff für Familienaufstellungen Aufstellungen an sich. Zum Beispiel kann man den Klienten und seine Krankheit aufstellen. Auch die kollektiven Aufstellungen wie mit Deutschen und Juden gehen ja weit über die Familie hinaus. Dieses „wissende Feld" spielt ja in beides hinein. Noch verwunderlicher ist, dass auch bei anderen Aufstellungen, also auch wenn man eine Krankheit aufstellt, plötzlich etwas Wissendes, eine Ebene von Wahrheit auftaucht. Wie siehst Du das Verhältnis von Familienaufstellungen und diesen anderen Aufstellungen? Was ist überhaupt eine Aufstellung?

HELLINGER Entwickelt haben sich die Aufstellungen über die Familie. Dort sind sie auch am eindrucksvollsten, weil sich in ihnen etwas von tieferer Dynamik umfassend zeigt. Die anderen Aufstellungen sind verkürzte Aufstellungen.

ULSAMER Was ist verkürzt?

HELLINGER Ich nehme nicht die ganze Familie in den Blick.
Dann gibt es natürlich die Anwendung des Familien-Stellens auf Organisationen. Solche Aufstellungen folgen aber auch anderen Gesetzen als das Familien-Stellen. Man kann also nicht die Ordnungen der Familienaufstellung unbesehen auf Organisationen übertragen. Denn die Organisationsmitglieder sind nicht in gleicher Weise aneinander gebunden wie die Mitglieder einer Familie.

ULSAMER Aber die Grundlage ist auch wieder die Familie?

HELLINGER Man fängt mit dem Modell der Familie an und modifiziert es entsprechend für die Organisation.

ULSAMER Wie ist es, wenn man in andere Bereiche hinein geht, in Aufstellung von Teilen oder von Gefühlen? Es wird ja heutzutage von manchen alles aufgestellt.

HELLINGER Ich habe ein Unbehagen dabei, ein ganz klares Unbehagen. Ich mache es nicht.
Wenn jemand bestimmte Gefühle aufstellt, zeigt sich bald, dass sie Personen vertreten. Sie sind also ein Hinweis auf die Familie. Ich würde dann von daher zur Familienaufstellung übergehen. Wenn ich zum Beispiel zwei Länder aufstelle, stellt sich plötzlich heraus, es sind Vater und Mutter. Ich benutze das als Anfangsbewegung und komme dann zur Familie zurück.

ULSAMER Jetzt fällt mir die Heimat ein. Sie scheint mir etwas Eigenständiges zu sein, wenn man sie aufstellt, mehr als nur Mutter oder Vater.

HELLINGER Das kann ich mir nicht vorstellen.

ULSAMER Mein Bild ist, wenn ich Heimat aufstelle, ist das nicht nur Vater und Mutter, sondern eine Zeit, ein Land, etwas von einer Verbundenheit über viele Generationen, wie komprimiert.

HELLINGER Gut, wenn ich mein Heimatland aufstelle, dann umfasst das natürlich vieles. Aber es geht immer um einen konkreten Elternteil. Ist es das Heimatland meiner Eltern oder ist es das Heimatland meines Vater oder meiner Mutter? Die Frage ist, wann ich das aufstelle und wo es notwendig ist. Notwendig ist es im Grunde nur, wenn Eltern zwei verschiedene Heimatländer haben. Sonst schwimmt man sowieso in diesem Umfeld der Heimat.

Von Auswanderern und Flüchtlingen

ULSAMER Heute verlassen Menschen ihre Heimat in einem immer größeren Maßstab. Zu uns nach Deutschland kommen Zuwanderer, viele Deutsche sind schon ausgewandert in andere Länder. Das Heimatland verliert anscheinend an Bindungskraft.

HELLINGER Es kommt auf die Situation an, ob jemand seine Heimat verlässt aus Not, wie es ja bei den großen Auswanderungswellen von Europa nach Amerika in der Regel der Fall war. Es waren Leute in Not, und sie haben dort eine neue Zukunft gefunden. Sie waren dort willkommen, weil sie auch gebraucht wurden für die Entwicklung. So war das, wenn man an Amerika denkt, zum gegenseitigen Nutzen.

ULSAMER Du sagst, sie waren willkommen. Die Indianer waren wahrscheinlich nicht so begeistert.

HELLINGER Sie waren ja zu der Zeit, als diese großen Auswanderungswellen begannen, schon zurückgedrängt. Ich will das Unrecht an ihnen in keiner Weise mindern, aber wenn du dir die Entwicklung der Vereinigten Staaten ansiehst, gründet sie auf denen, die in anderen Ländern in Not waren, die dann dort aufgenommen wurden und das Land entwickelt haben.

Dann gibt es eine Auswanderung, die der Heimat den Rücken kehrt, weil man das Leid der Heimat nicht mit tragen will. Das wirkt sich auf die Betroffenen oft ungut aus. Sie werden, zum Beispiel, krank. Wenn man mit ihnen ihre Familie aufstellt, zeigt sich manchmal, dass sie nur gesund werden können, wenn sie in ihre Heimat zurück gehen und wenn sie bereit sind, das Schicksal ihres Volkes mit zu tragen. Manche fliehen davor und sie drängen sich einer anderen Heimat auf, die ihnen gar nicht gehört und sie auch gar nicht braucht oder will.

Etwas anderes ist es, wenn ein Land Bewohner aus einem anderen Land braucht und ihnen eine Heimat anbietet. So kamen viele aus Polen ins Ruhrgebiet als Bergarbeiter. Sie wurden gebraucht und waren willkommen. Auch viele Türken nach dem letzten Weltkrieg waren hier gebraucht und waren willkommen, weil man sie gebraucht hat. Die so gekommen sind, verachten ihre Heimat nicht, sondern erweitern sie sozusagen, weil es auch ein Dienst an der eigenen Heimat ist, wie sie sich hier engagieren. Wenn sie wieder in die eigene Heimat zurückkehren, sind sie auch dort willkommen.

HOHNEN Das gleiche würde im Grunde auch gelten, für diejenigen, die aus dem Dritten Reich geflohen sind, die politisches Asyl gesucht haben, woanders in Amerika, in England usw.?

HELLINGER Sie wurden von einem anderen Land aufgenommen, weil sie verfolgt wurden. Das Land, das sie aufnahm, hat ihnen etwas ganz Großes gegeben, und sie wissen das auch. Sie drängen sich diesem Land nicht auf, sondern sind dankbar. Dann kann das Land sie auch behalten, weil sie dankbar sind und das anerkennen. Das sind keine, die sich sozusagen vor der eigenen Heimat drücken. Solche Verfolgte aufzunehmen – das ist ganz klar – steht auch uns gut an.

HOHNEN Man könnte nicht sagen, die drücken sich vor dem, was in ihrer Heimat passiert?

HELLINGER Nein, nicht bei einer Verfolgung. Die Verfolgten waren ja nicht gewollt in ihrer eigenen Heimat.

ULSAMER Wo es also um Leben und Tod geht, da ist es gerechtfertigt, um das eigene Leben zu retten, auch woanders hinzugehen? Ganz gleich ob man dann willkommen ist oder nicht. Sehe ich das richtig?

HELLINGER Es geht dabei oft um Minderheiten. Indem diese Minderheiten woanders Schutz finden, tun sie auch für die eigene Minderheit im Heimatland etwas Gutes. Dadurch dass Israel als Staat entstanden ist, haben jetzt alle Juden in der ganzen Welt die

Möglichkeit einer Heimat. Andere Juden, die in anderen Ländern bleiben, gewinnen dadurch enorm an Sicherheit und Selbstachtung. Sie fühlen sich nicht mehr so ausgeliefert, wie sie das vorher oft waren.

Über das Aufstellen eines Haustiers

HOHNEN Du hast in Barcelona einen Hund mit in die Aufstellung hinein genommen. Kannst du dazu etwas sagen?

HELLINGER Haustiere sind oft Familienmitglieder und sie vertreten oft auch ein Familienmitglied.

HOHNEN Also wiederum stellvertretend für jemand.

HELLINGER Ja, ganz deutlich. Die Gefühle, die einem Haustier entgegen gebracht werden, sind oft Gefühle, die einem anderen verweigert werden. Es gibt da stellvertretend eine Verschiebung. Als ich mal in San Francisco gesehen habe wie eine Frau mit einem kleinen Hund umgegangen ist, habe ich gedacht: Der Hund vertritt ganz bestimmt eine wichtige Person in der Ursprungsfamilie.

HOHNEN Und um das etwas deutlicher werden zu lassen, stellst du es dann auf?

HELLINGER In Barcelona war es das erste Mal, dass ich das gemacht habe. Aber da war es unausweichlich. Es wurde dann ja auch eine eindrucksvolle Aufstellung.

HOHNEN Das Interessante und das für mich erst einmal Befremdliche war, dass dieser Hund sich auch als Hund verhalten durfte. Während die anderen Stellvertreter eher in einer Position bleiben und sich im Grunde nicht bewegen sollten, durfte der Hund bellen, schnuppern, beißen.

HELLINGER Das hat er aber nicht gemacht, oder? Nein, er hat weder geschnuppert noch gebellt noch hat er gebissen. Aber er hat sich als Hund gefühlt. Das war klar. Es war auch deutlich, was der Hund brauchte. Einer aus der Familie war von diesem Hund gebissen worden. Für ihn war das zum Trauma geworden. Deswegen haben wir den Hund mit aufgestellt. Als der Betroffene am Ende der Aufstellung dem Hund gesagt hat: „Hier bin ich der Starke" wurde der Hund ganz zahm und hat sich zu seinen Füßen gelegt. Das war völlig authentisch.

HOHNEN Wenn Heimat aufgestellt wird oder ein Land, dann sagst du häufig irgendwann, das ist natürlich die Mutter oder das ist natürlich der Vater. Das heißt, du gibst dem Stellvertreter für das eher Abstrakte einen ganz persönlichen Rahmen.

HELLINGER Manchmal, dort wo es angebracht ist.

ULSAMER Angebracht ist es dann, wenn du siehst, es sind nicht die Länder, die gemeint sind, sondern die eigentlichen Eltern?

HOHNEN Im vorher besprochenen Fall wäre es aber schwierig aus dem Hund zum Beispiel ein früh verstorbenes Kind zu machen?

HELLINGER Es war ein Hund und er blieb ein Hund. Genauso wie ich eine Krankheit aufstelle und die Person sich mit der Krankheit auseinander setzen muss, kann sie sich auch einem Hund stellen, der sie gebissen hat. Man kann dann die Haltung gewinnen, damit umzugehen. Insofern ist es dann eine hilfreiche Intervention.

ULSAMER Du schaust dann auf das, was wirkt, was hilft?

HELLINGER Genau, immer auf die Lösung. Ist es notwendig für die Lösung oder nicht?

Stellvertretendes Aufstellen

ULSAMER Noch eine andere Frage: Kann man für andere aufstellen? Und wenn ja, wer für wen? Kann zum Beispiel der Vater für das Kind aufstellen, oder das Kind für den Vater? In den Aufstellungen kommen immer mehr die Anfragen, ich will für jemand etwas aufstellen. Wie siehst du das? Wo ist da die Grenze?

HELLINGER Ich lehne es grundsätzlich ab. Gut finde ich es, wenn ein Therapeut in einer Supervisionsgruppe für einen Klienten dessen Familie aufstellt, weil er damit Schwierigkeiten hatte. Er will etwas lernen und sucht eine Orientierung für die spätere Arbeit.

ULSAMER Im Grunde genommen ist die Aufstellung für ihn. Er stellt ja nur deshalb die Familie des Klienten auf?

HELLINGER Ja, damit er sieht, welche Schritte hilfreich sind. Aber sonst lehne ich stellvertretende Aufstellungen ab.

HOHNEN Du machst es aber manchmal. Wenn, zum Beispiel, eine Mutter kommt und sagt, ich habe Angst um meinen Sohn.

HELLINGER Ja gut, sie stellt es dann auch für sich auf. Es ist ja ihre Familie. Das ist nicht stellvertretend in dem Sinne. Aber oft sagt einer, mein Cousin ist drogensüchtig, ich möchte seine Familie aufstellen – das finde ich abwegig.

ULSAMER Wenn die Mutter mit dem Kind kommt, geschieht es auch aus der Fürsorge der Mutter.

HELLINGER Wenn Eltern aufstellen wollen, weil sie sich um ihr Kind sorgen, ist es immer in Ordnung. Das ist eine echte Familienaufstellung. Wenn ein Kind aufstellen will, weil es sich um die Eltern sorgt, dann ist es auch eine echte Familienaufstellung. Es sieht dann vielleicht, welche Verstrickungen da sind. Aber wenn ich stellvertretend für einen, mit dem ich nicht auf dieser Ebene verbunden bin, aufstellen will, geht das nicht, zum Beispiel, wenn einer für seinen Bruder aufstellen will.

HOHNEN Du sagst ja oft, eigentlich schaust du in der Aufstellung auf das Kind.

HELLINGER Es kommt darauf an. Es ist immer bei dem, der ausgeklammert ist. Dem man die Würde verweigert, bei dem ist es. Das kann genauso gut der Vater oder die Mutter sein.

Von etwas Größerem getragen

Sich von den Toten lösen

ULSAMER Es zeigt sich manchmal, dass man beim Familien-Stellen über die Verstrickungen hinaus auch mit anderen Kräften rechnen muss.

HELLINGER Beim Familienstellen schauen wir, ob jemand in die Schicksale von anderen Personen in seiner Familie verstrickt oder verwickelt ist, ohne dass er das weiß. Die Vorstellung beim Familienstellen ist daher: Wenn man das aufstellt, bringt man diese Verstrickungen ans Licht; da kann man sie lösen, und dann ist es auch in Ordnung.

Es zeigt sich aber bei der Arbeit mit Psychosen, dass noch ganz andere Kräfte am Werk sind, viel größere. Zum Beispiel kam dabei heraus, dass sehr oft über viele Generationen zurück ein Mord verheimlicht wurde; dass also ein Psychotiker mehrere Ströme oder Kräfte spürt, die sich widersprechen und die er in sich vereinen will – und das führt dann zu Verwirrung. Das Entscheidende kann dann zum Beispiel sein, dass er sich sowohl mit einem Täter wie mit einem Opfer verbunden fühlt oder loyal zu beiden ist, und das führt dann also zu dieser Verwirrung. Doch auch da könnte man noch sagen, das ist eine Verstrickung.

Darüber hinaus gibt es noch etwas, was man nicht im Griff hat. Man kann zum Beispiel sehen, dass Tote sich manchmal an die Lebenden heften und sich verhalten, als wären sie noch am Leben. Die hängen sich an die Lebenden und ziehen sie zu sich heran.

Ein Beispiel: In einem Kurs war jemand dabei, aus dessen Familie die Großeltern und eine Schwester seiner Mutter bei einem Bombenangriff verschüttet worden waren. Auch seine Mutter war verschüttet, konnte aber gerettet werden. Dieser Mann verhielt sich seiner Frau gegenüber, als sei auch er verschüttet. Wir dann haben die Verschütteten aus seiner Familie vor ihn auf den Boden gelegt. Die Vertreterin der Schwester der Mutter hat immer auf diesen Mann geschaut. Sie hat die Augen nicht zugemacht und diesen Mann offensichtlich zu sich hergezogen. Das ist keine Verstrickung mehr, das ist etwas anderes. Da sind andere Kräfte am Werk. Da wird an einem Leben sozusagen mitgezehrt, und die Lebenden werden in etwas hineingezogen, gegen das sie sich nicht wehren können. Ich habe dann verschiedene Versuche gemacht, um diese Tote zur Ruhe zu bringen, so dass sie von dem Lebenden ablassen konnte. So etwas gibt es immer wieder. Ich mache dann bestimmte Übungen, die es ermöglichen, dass auch der Lebende sich von diesen Toten, die an ihm haften und ihn zu sich ziehen, lösen kann.

Das klingt sehr esoterisch und es ist gewagt, wenn man so etwas sagt. Aber ich lasse das ganz einfach üben. Ein Beispiel: Jemand geht in seiner Vorstellung ins Reich der Toten und schaut sich dort um. Er sieht dort die Opfer des Holocaust aus dem letzten Krieg, sieht die ermordeten Roma und die Sinti, die Behinderten und Geisteskranken, die umgebracht wurden durch Euthanasie, und er sieht die toten Täter. Alle. Dann legt er sich zu ihnen, wie sie sind, wer immer sie sind und wird bei ihnen klein. Wenn er ganz klein geworden ist, überhebt er sich nicht mehr über die Täter und nicht mehr über die Opfer. Angesichts des Leides, das die alle erlitten haben, sei es nun als Opfer oder als Täter, weiß er, dass er verglichen mit ihnen klein ist. Mit ihnen kann er sich also nicht messen. Wenn er ganz klein geworden ist, stellt er sich vor, alle stehen jetzt auf, die Opfer, die Täter, die Behinderten. Alle stehen auf und wenden sich zum Horizont nach Osten. Dort scheint, noch unterhalb des Horizonts, ein Licht, und alle verneigen sich vor diesem dunklen, vor diesem, so könnte man sagen, verborgenen Licht und werden ganz still. Wenn sie sich alle so in Andacht verneigen, zieht er sich von ihnen zurück, lässt sie in dieser Andacht, kommt zurück ins Leben, dreht sich um und lässt das alles hinter sich. Also das ist eine Übung, in der jemand innerlich erst einmal den Toten die Ehre gibt und zweitens den Toten sozusagen eine Richtung gibt. Er wirkt also in gewisser Weise auch in das Reich der Toten hinein. Wenn sie alle in diese gleiche Richtung schauen, sind sie noch einmal alle gleich. Es gibt dann keine Unterschiede zwischen ihnen mehr. Dann zieht der Lebende sich aus dem Reich der Toten zurück, weil er da noch nichts zu suchen hat. Er dreht sich um und lässt das hinter sich. Das hat in der Seele die Wirkung, dass er sich von diesen Toten lösen kann. Das wäre jetzt so ein Beispiel.

Wer vorher in einer schwierigen Situation oder verwirrt war, wird nach so einer Übung klarer. Und er fühlt sich auch erleichtert. Er hat Kraft gewonnen und den Blick in eine Zukunft, die ihm gemäß ist. Kannst du das bestätigen?

Das Schicksal

HAUSNER: Ja, ich könnte auch ein Beispiel geben. Eine Frau kam mit dem Anliegen, dass sie in einem Haus lebt, wo es spukt, wie alle sagen. Ich habe dann sie und das Haus aufgestellt und es wurde sehr schnell deutlich, dass da eine Verschiebung vorlag dass es eigentlich um etwas ganz anderes ging. Es war klar, dass ihr Blick zu Toten ging. Ihre Familie war aus Ostpreußen geflohen. Weil sie keine weiteren Informationen hatte – sie war damals ein kleines Kind – habe ich einfach nur mehrere Tote auf den Boden gelegt, die dann alle ganz unruhig waren und an ihr hafteten. Ich habe mehreres versucht, aber die Toten kamen nicht zur Ruhe, bis ich dann aufgrund eines Hinweises von einem Stellvertreter den Krieg aufgestellt habe, als Person, und zwar in die Richtung, wohin die Toten dann schauten. Ich habe sie also dem Krieg zugewandt, das hat die Frau erleichtert; sie fühlte sich aber immer noch gelähmt. Dann habe ich den Krieg zu den Toten sagen lassen: „Ich bin euer Schicksal." Dann kamen sie etwas zur Ruhe, es hat aber immer noch nicht genügt. Dann habe ich noch eine Person hinter den Krieg gestellt und habe gesagt: „Auch der Krieg ist im Dienst." In dem Moment wurden die Toten ruhig und konnten die Augen schließen. Die Stellvertreterin der Frau sagte: „Jetzt ist die Lähmung weg."

HELLINGER Wenn man das Schicksal aufstellt, hat das oft diese Wirkung. Auf einmal werden die Stellvertreter ganz ruhig. Ich bringe ein Beispiel: Ein Arzt hatte einen Hirntumor. Als ich seine Gegenwartsfamilie aufgestellt habe, also ihn, seine Frau und sein Kind, waren alle bedrückt. Daraufhin habe ich das Schicksal ihnen gegenübergestellt. Im Angesicht des Schicksals wurden sie ruhig. Man muss also noch auf eine andere Dimension gehen; und in gewisser Weise geht man auf eine religiöse Dimension, ohne dass man das jetzt im Einzelnen benennt.

ULSAMER Also man kann sagen, das, was wir mit dem Wort Schicksal benennen, ist erst einmal einfach etwas Größeres.

HELLINGER Ja. Schicksal ist im Grunde etwas ganz Abstraktes, aber es hat eine fast personale Wirkung. Es wird erlebt als ein Gegenüber, dem man ausgeliefert ist, das einen auch steuert. Es ist nichts Blindes, sondern es ist etwas, dem man sich ausgeliefert fühlt und dem man sich auch fügen muss.

ULSAMER Du hast vorhin gesagt, das kann man fast als esoterisch bezeichnen. Wo siehst du denn Gemeinsames oder Unterschiede zur Esoterik?

HELLINGER Nun, die Esoterik hat ja keinen guten Ruf, weil man sehr oft meint, das seien Spinnereien, da seien einige abgehoben und fühlten sich als etwas Besonderes oder besonders erleuchtet. Damit hat das vorher Gesagte nichts zu tun. Es beruht auf Beobachtungen. In einer Familienaufstellung kommt etwas ans Licht, das eine ungute Wirkung hat. Also probiert man aus, woher das kommen könnte. Dabei zeigt sich sehr häufig, dass es mit längst Verstorbenen zu tun hat. Wenn man Stellvertreter für diese Toten aufstellt, wirken die herein, als wären sie gegenwärtig. Dabei kann man beobachten, ob sie eine gute Wirkung ausüben oder eben nicht. Die Vorgehensweisen dabei sind experimentell. Viele können zuschauen und sehen, ob es so ist oder nicht.

ULSAMER Wenn ich noch einmal zurückkomme zu dem Beispiel von dem Mord in der Familie mit der Folge, dass dann jemand Generationen später zerrissen ist. Dann hat er also auf der einen Seite die Verbindung mit dem Täter, der auch aus der Familie stammt, und gleichzeitig mit dem Opfer. Man kann also sagen, das Familiensystem ist dann sozusagen erweitert um das Opfer.

HELLINGER Nein, das Opfer gehört meistens zur Familie. Täter und Opfer gehören zur selben Familie. Das ist das Besondere dabei. Oft ist es zum Beispiel verheimlichter Kindsmord.

ULSAMER Da bin ich also mit beiden Teilen dieses Verbrechens in Verbindung, deswegen bin ich dann so gespalten oder zerrissen. Es ist oft ein Familiengeheimnis.

HELLINGER Ja, das Familiengeheimnis ist ein verheimlichter Mord. Oft, nicht immer, aber häufig geht es in diese Richtung.

ULSAMER Es dauert dann zwei, drei Generationen, bis es auftaucht.

HELLINGER Ja, es taucht auf, dass da etwas ist. Man braucht gar nicht herauszufinden, was da genau ist; man stellt dann einfach einen Täter auf und ein Opfer, und dann sieht man, welche Wirkung das hat.

ULSAMER Das heißt, in dem Moment, wo der Verdacht da ist, dass so etwas vorgefallen ist, kann ich sagen, ich stelle mal einen Täter und ein Opfer auf.

HELLINGER Das einfachere ist noch, man stellt nur ein Geheimnis auf. Wenn der Stellvertreter geschult ist, dann achtet er genau darauf, was kommt, und der Therapeut achtet auf das, was sich zeigt, zum Beispiel, ob er Stellvertreter aussieht wie einer, der aufgehängt ist. In den Reaktionen des Stellvertreters kommt plötzlich etwas zum Ausdruck, was da verheimlicht ist. Und so kommt man darauf.

Da war zum Beispiel in einem Kurs in Spanien ein Mädchen, das vom 21. Stock gesprungen war und überlebt hat. Auch ihre Mutter war in dem Kurs. Wir konnten aber nichts über die Hintergründe herausfinden, die Mutter hat einen dauernd in die Irre geführt. Dann habe ich zunächst mit dem Mädchen alleine gearbeitet, damit sie mit sich, mit ihrer Seele, im Berührung kam. Danach wollte ich mit der Mutter ihre Herkunftsfamilie aufstellen, aber das ging nicht. Daher habe ich einfach zwei Geheimnisse in Beziehung zu ihrer Familie aufgestellt und noch ein bisschen weitergeredet. Auf einmal sagte sie: „Ach ja, da war etwas: Ihre Großmutter wurde tot in einem Brunnen gefunden." Daraufhin habe ich eine Stellvertreterin für die Großmutter sich vor der Familie auf den Rücken legen lassen. Sie fing sofort an, laut zu schluchzen, und auf einmal hat das eine Geheimnis zu zittern begonnen. Das war offensichtlich der Mann der Großmutter. Ich habe ihn dazugelegt und es wurde aus seinen Reaktionen klar, dass er sie in den Brunnen geworfen hatte. Das andere Geheimnis stand noch da. Ich konnte nichts mit ihm anfangen und habe die Aufstellung beendet. In der Pause danach erzählte die Frau, dass es den Verdacht gab, dass die Frau schwanger gewesen sei, und zwar vom Dorfpfarrer. Das war offensichtlich das zweite Geheimnis. Also so kommen über die Wirkung manchmal Dinge ans Licht, an die man sonst nicht herankommen kann. Das wäre auch ein Beispiel für etwas, was später bei einem Familienmitglied zu Selbstmord führt, zur Sühne oder, wie in diesem Fall, zum Selbstmordversuch und, natürlich, auch zur Verwirrung bei der Mutter.

Das heißt, das Familienstellen weitet sich aus. Man verlässt das einfache Familienstellen. Es hat angefangen mit den Ordnungen in der Familie, mit dem Hereinholen der Ausgegrenzten, und jetzt kommen diese neuen Dimensionen dazu. Es geht noch mehr in die Tiefe, und es geht weg von der Psychotherapie im engeren Sinn auf allgemein Menschliches hin.

ULSAMER Welche Verbindungen siehst du zwischen den beiden Ebenen, der Familie und den Kollektiven? Ist es nicht so, dass in der Familie der Keim dieser kollektiven Spannungen schon enthalten ist, die sich dann später zum Beispiel im Krieg entladen, oder siehst du das ganz getrennt?

Von etwas Größerem getragen

HELLINGER Ich will es an einem Modell verdeutlichen. In der Geschichte der Psychotherapie hat man sich erst um den Einzelnen gekümmert und um das, was in seiner Seele vorgeht, also bei Freud die Triebdynamik. Doch das kam an gewisse Grenzen. Man hat damit etwas erreichen können, aber es kam an Grenzen. Jetzt kam das Familien-Stellen dazu und überhaupt die systemische Psychotherapie. Hier hat man den Einzelnen eingebunden gesehen in ein größeres Ganzes. Mit Hilfe des Familien-Stellens konnte man wichtige Ordnungen der Liebe erkennen und auch, was zu Verstrickungen in die Schicksale früherer Familienmitglieder führt und wie man sich aus ihnen lösen kann. Auch das kommt jetzt an Grenzen. Jetzt muss man das Feld nochmals erweitern. Das sind jetzt diese anderen, die neuen Dimensionen. Das heißt, die Familie ist eingebunden in etwas anderes, das sie steuert. Der Krieg zum Beispiel ist etwas, was die Familie oder ein Volk sozusagen überfällt, und dennoch ist es nichts, was aus diesen selbst entsteht, sondern es wird von einer anderen Macht gesteuert. Damit gewinnt es auch eine religiöse Dimension. Wie immer man das benennen will, aber es wird erfahren, dass man dadurch etwas Größerem ausgeliefert ist und sich dem stellen muss. Und indem man sich dem Größeren stellt, gewinnt man eine ganz andere, neue Kraft. Es kommt auch darauf an, wie man sich dem stellt und was in Beziehung zu ihr gemäß ist. Zum Beispiel ist die Verneigung gemäß. Indem man sich dem Größeren so fügt, wächst man über sich hinaus, man wächst auch über die Grenzen der Familie hinaus, ist in ein größeres Ganzes eingebunden und fühlt sich mit ihm verbunden. Und das gibt Kraft. Die größere Kraft kommt von da her.

ULSAMER Woher kommt sie denn, wenn ich einmal so konkret nachfragen darf? Wenn man zum Beispiel den letzten Weltkrieg nimmt, wie zeigt sich, dass man sich dem stellt? Wie ist das fassbar, was heißt es, dass sich jemand dem Krieg stellt?

HELLINGER Für uns konkret ist es so, dass wir uns den Nachwirkungen des Krieges stellen, wie sie sich in der Seele zeigen. Sie zeigen sich zum Beispiel bei denen, die in Kriegsverbrechen verwickelt waren, sie zeigen sich bei denen, die überlebt haben, sie zeigen sich bei denen, die alles verloren haben, im Krieg oder nachher, und die keine Lösung finden, wenn sie zum Beispiel auf das Haus schauen, das sie verloren haben. Wenn sie es aber jetzt mit Blick auf das große Geschehen sehen, dann sind sie eingebunden, ein Teil davon und können ihm jetzt zustimmen. Indem sie dem Größeren zustimmen, bekommen sie von diesem Größeren eine Kraft, den Verlust, oder was immer da war, anzunehmen und sich dem zu fügen. Sie geben sich etwas Größerem anheim, und indem sie sich dem anheim geben, fühlen sie sich davon auch getragen. So schrecklich das äußerlich erscheinen mag, sie fühlen sich von ihm getragen. Das ist das, was über die Psychotherapie hinausgeht.

ULSAMER Es ist ja eine ganz neue Haltung, die du da beschreibst. Denn eigentlich ist es ja so, dass die Leute meistens etwas erleiden. Aber es ist ja fast übermenschlich, dass jetzt jemand, der so etwas erleidet, auch noch die Zustimmung dazu gibt.

HELLINGER Ja genau. Da kommt man aus den engen Grenzen hinaus. Zunächst scheint das seltsam. Aber wenn du siehst, was es in der Seele bewirkt, dann siehst du: Da ist gleichzeitig eine unglaubliche Größe drin, die durch nichts anderes erreicht werden kann. Sie wird erreicht, wenn man an diese Grenzen kommt. Manchmal sieht man ja in Aufstellungen, wie auf einmal – es kommt ja nicht vom Kopf, sondern plötzlich, wenn man sich dem stellt – eine Bewegung der Seele in Gang kommt, die einen damit in Berührung bringt; und auf einmal wird man dadurch stark und groß und gelassen zugleich. Man schaut dem ins Auge, bildlich gesprochen. Und man stimmt dem zu. Man wehrt sich nicht mehr dagegen.

ULSAMER Also das ist eine andere Haltung als Fatalismus.

HELLINGER Eine völlig andere. Es ist kein Erleiden, sondern indem man dem zustimmt, verbindet man sich auch mit dieser Kraft, und diese Kraft nimmt einen sozusagen an die Hand.

ULSAMER Was diese Haltung betrifft: Wenn jemandem ein schreckliches Schicksal zustößt, wird da ja besonders viel verlangt. Aber was heißt das jetzt eigentlich für jeden Einzelnen? Diese Haltung ist ja auch im Alltag irgendwie möglich, nehme ich an. Ich muss nicht warten, bis ein Krieg kommt oder sonst etwas Schreckliches. Sondern was ist das dann für eine Haltung im Alltag?

HELLINGER Ich reduziere es einmal auf etwas ganz Einfaches: Jemand wird in eine bestimmte Familie hineingeboren. Sagen wir mal in eine Familie mit Erbkrankheiten. Und jetzt stimmt er dem zu, dass er zu dieser Familie gehört. Also er bedauert nichts, sondern er stimmt dem zu. Indem er dem jetzt zustimmt, gewinnt er Kraft und Größe. Diejenigen, die in eine solche Familie hineingeboren sind, die haben diese Kraft gewöhnlich. Wenn man mit Leuten arbeitet, die aus einer solchen Familie kommen, erlebt man, dass sie ganz gelassen sind mit der Bluterkrankheit oder mit Corea-Huntington. Die schauen eigentlich einem schrecklichen Ende entgegen und waren dennoch ganz gelassen. Die Außenstehenden finden das schrecklich. Für sie es eine große Herausforderung, auch zuzustimmen, dass der andere dieses Schicksal hat. Dass sie also jetzt nicht nervös werden oder eingreifen wollen.

Man kann dann die verschiedenen Familien nebeneinander sehen und jeden in seiner ganz bestimmten Familie mit diesem bestimmten Erbe, mit diesen Schicksalen. Dort ist sein Platz. Kein anderer Platz ist für ihn möglich, nur dieser. Wenn er diesem Platz zustimmt für sich, und wenn ich zustimme, dass jeder diesen seinen Platz hat, und dass alle diese Orte gleichwertig nebeneinander stehen, dann kommt daraus erstens eine persönliche Kraft und zweitens ein allgemeines Mitgefühl mit jedem verschiedenen Platz, so unterschiedlich sie auch sind. Das Gefühl von besser oder schlechter sein fällt dann weg. Diese Zustimmung hat also eine verbindende Wirkung auf alle, in die Weite hinein, und das hat natürlich etwas Großes.

ULSAMER Als du das gesagt hast mit der Erbkrankheit und dass jemand, der aus einer gesunden Familie kommt, dem zustimmen soll, da ist mir so etwas gekommen wie Schuldgefühle – so wie in einer Familie, wo ein Kind stirbt und das andere überlebt – dass ich erst einmal das Gefühl habe, es ist unverdient, dass ich gesund bin, während ein Mitmensch an so einer Krankheit leidet. Es ist ein großer Schritt, das zu achten.

HELLINGER Das ist vordergründig, da wird etwas übertragen aus dem kleinen Bereich innerhalb der Familie auf den zwischenmenschlichen. Aber das ist es nicht, es ist etwas völlig anderes. Das heißt, ich sehe jeden besonders. Also nicht besser oder schlechter, aber jeder ist besonders, und er kann dem nicht entrinnen. Genau wie es ist, er muss ihm zustimmen, wie es ist. Wer also aus einer Familie kommt, die viele Möglichkeiten bietet, und wenn er dem zustimmt, dann macht er etwas aus diesen Möglichkeiten, aber nicht für sich, er macht es für die Allgemeinheit. Und insofern überhebt er sich nicht und hat auch keine Schuldgefühle.

Das eine, dass sich jemand schuldig fühlt, wenn er gesund ist und ein anderer in seiner Familie behindert, ist für einen engeren Bereich gesagt. Beim anderen geht es darum, dass ich jeden in jeder Familie als unausweichlich eingebunden anerkenne. Und ich erkenne jedes Volk in einer bestimmten Weise eingebunden in ein Schicksal, in ein Land, in eine Region, in eine gefährliche vielleicht oder eine weniger gefährliche, in eine gesunde oder in eine kranke. Und ich stimme jedem zu, wie es ist. Wenn ich diese Haltung habe, mache ich auch keinen Versuch, einzugreifen in das andere. Sondern ich sehe sie alle einer Macht ausgeliefert, von der sie, wenn sie sich ihr stellen, auch die Kräfte bekommen, um ihr Schicksal zu meistern. Dass man da natürlich auch Hilfestellung gibt, wo das angebracht ist, ist selbstverständlich, aber nicht aus dieser Haltung von „ach die Armen", denn in dem Augenblick wird etwas verfälscht.

ULSAMER Heutzutage ist ja der Glaube weit verbreitet, dass jeder seines Glückes Schmied ist, und es gibt ja noch immer die Hoffnung, die Kriege abzuschaffen und die Krankheit abzuschaffen. Dieser Traum ist ja da, er wird weitergeträumt. Gehört er auch zu dem großen Ganzen, dieser Traum?

HELLINGER Er ist ja schön für eine Zeit. Wie absurd diese Vorstellung ist, kann man sehen, wenn Eltern Kinder haben und meinen, sie könnten ihnen die Unbilden des Lebens ersparen. Wie schnell kommen die an Grenzen. Sie merken bald, da sind ganz andere Kräfte am Werk. Dann werden sie ganz bescheiden.
„Jeder ist seines Glückes Schmied", das ist natürlich eine pubertäre Haltung. Zu der Zeit ist sie auch angebracht.

ULSAMER Also das heißt, dass wir kollektiv, wenn ich es einmal übertrage, noch in der pubertären Phase sind. Die Politik, diese Bemühungen ...

HELLINGER Nein, das kann man nicht sagen. Gerade die Politik weiß um ihre Grenzen. Nein, diese Haltung gibt es bei denen, die meinen, in ihre Hand sei das Glück der Welt gegeben, die sich auserwählt fühlen, die Welt zu retten. Aber die werden dann auch an ihre Grenzen geführt und sind dann, vielleicht, bekehrt.

ULSAMER Die Strömungen in der Politik unterliegen ja auch den größeren Kräften. Wenn man diese Haltung annimmt, dann heißt das also, man entspannt sich, man stimmt dem zu, was ist, handelt innerhalb seiner Grenzen, tut sein Bestes und belässt es dabei.

HELLINGER Ja, und wenn die anderen das auch machen, gibt es eine große Bewegung.

ULSAMER Ich habe das Bild der Lösung in der Familie vor Augen. Das Kind dankt Vater und Mutter für das Leben, es achtet sie, verneigt sich und dann dreht es sich um, spürt diese Kraft und geht frei ins Leben mit dieser Kraft hinter sich. Sind solche Lösungen auch auf einer höheren Ebene für ein Volk denkbar? Also für einen Deutschen, der sich mit der deutschen Vergangenheit auseinander setzt?

HELLINGER Wenn jemand auf die Eltern schaut, muss er über die Eltern hinausschauen, sonst greift das zu kurz. Leben kommt von weit her über die Eltern, nicht von den Eltern. Es spielt auch keine Rolle wie die Eltern sind. Das Leben ist unverfälscht, wie immer die Eltern sind. Gerade wenn wir auch dahinter schauen, können wir nehmen, was über die Eltern kommt. Das ist die eigentliche Haltung von Annahme und Zustimmung. Man kann dann das Leben eher nehmen, als wenn man nur auf die Eltern schaut. Darüber hinaus gehören die Eltern zu einer bestimmten Sippe, zu einem bestimmten Volk, zu einer bestimmten Religion, zu einem bestimmten Schicksal; und indem man den Eltern zustimmt, stimmt man auch dem gleichzeitig zu. Man macht also keinen Versuch, dem zugemessenen Schicksal zu entrinnen, zum Beispiel durch Auswandern.

Die Zustimmung zu den eigenen Grenzen bewirkt eine Reinigung von Illusionen und von Hoffnungen. Im Laufe dieser Reinigung wird man in immer Größeres eingebunden, wird immer bescheidener und doch zugleich kraftvoller. Wer zu dieser Haltung gefunden hat, der findet auch alle wesentlichen Lösungen.

ULSAMER Aber es ist erst einmal ein bewusst vollzogener Akt, der einen zu dieser Haltung bringt: diese Verneigung oder diese Achtung. Und es ist etwas, was auch immer wieder neu erfolgt, oder immer wieder ein neuer Schritt, nicht nur eine einfache Haltung, auf die ich jetzt vertrauen kann. Es ist ein Prozess, ein Weg.

HELLINGER Es ist so, dass die Entwicklung von einer neuen Situation ausgeht, in der man Schwierigkeiten hat. In dieser Situation besinnt man sich und stellt fest: Aha, jetzt mache ich das wieder. Man kann das aber nicht vorher üben. Ich erreiche das immer nur im Fluss des Geschehens, vor der neuen Herausforderung.

ULSAMER Wir haben ja heute viele Zeitströmungen; und dazu gehört zum Beispiel, dass sich in der westlichen Kultur die Familie immer mehr aufzulösen scheint. Man kann jetzt sagen, auch die Familienaufstellung ist eine Art Zeitströmung. Siehst du darin so etwas wie einen Gegenpol zu dieser Auflösung?

HELLINGER Das sind für mich Schlagworte, dass sich die Familie auflöst. Das stimmt ja gar nicht. Und auch in der jungen Generation gibt es immer noch das Bedürfnis, eine Familie zu gründen.

ULSAMER Aber wenn man zum Beispiel die Scheidungszahlen als Maßstab nimmt, steigen die ja.

HELLINGER Dennoch wird es von denen, die es erleben, als ein großer Einschnitt erlebt. Vom Herzen her hat man das Bild, dass es schön ist, wenn eine Familie Bestand hat. Insofern bleibt das Bild von der Familie, die Bestand hat, ein Vorbild oder ein Urbild, an dem man sich ausrichtet, auch für diejenigen, die sich gegen die Familie entscheiden.

ULSAMER Früher war diese Entscheidung gegen die Familie wahrscheinlich schwerer als heute, denn da war es ja sozusagen normal, dass man eine Familie gründete.

HELLINGER Vor allem gab es dazu keine Alternative. Heutzutage kann einer sich ganz auf den Beruf konzentrieren, viel mehr als früher. Insofern ist auch eine große Entscheidungsfreiheit gegeben, und die Frage ist auch, ob es nicht angesichts der Bevölkerungsentwicklung sinnvoll ist, dass einige für sich die Familie in Frage stellen und sich dagegen entscheiden. Das hat dann aber nichts zu tun mit der Familie als solcher. Das Familien-Stellen ist ja nicht für die Familie da in dem Sinne, dass es sie erhalten will, sondern es ermöglicht dem Einzelnen, seinen Platz zu finden in der Familie und zu sehen, was er damit machen kann. Das Familien-Stellen ist keine Verteidigung der Familie. Es ist eine Hilfe, die Familien angeboten wird. Insofern hat es mit der Zeitströmung, so wie du das nennst, nichts zu tun. Aber über das Familien-Stellen kommen eben neue, bis jetzt verborgene Zusammenhänge ans Licht, und die sind hilfreich. Dass sich das weiterentwickelt, haben wir da gerade gesehen. Es fließt mit der Zeit mit und indem es in dem Strom bleibt, entfaltet es sich weiter. Daher finde ich es auch so wichtig, dass man diesen Fluss nicht in eine bestimmte Richtung lenken will. Der Fluss bahnt sich den Weg selbst.

Gefahren beim Familien-Stellen

ULSAMER Was sind denn Gefahren, denen der Familien-Steller auf seinem Weg, in seiner Entwicklung begegnet? Ich denke an Castaneda und die Gefahren, die dem Krieger begegnen. Wo siehst du Gefahren, denen jemand, der Familien stellt, im Laufe seiner Entwicklung begegnet?

HELLINGER Don Juan bei Castaneda hat ja sehr schön beschrieben, was er die Feinde des Wissens nennt. Man kann das genauso auf das Familien-Stellen anwenden. Der erste Feind des Wissens ist die Furcht. Beim Familien-Stellen wäre das zum Beispiel die Furcht davor, was andere sagen. Oder davor, was passiert, wenn ich das jetzt wirklich sage, was ich sehe. Mit der Überwindung der Furcht fängt man an. Bei Castaneda heißt es: Wer die Furcht überwunden hat, der gewinnt Klarheit.

ULSAMER Da gibt es Furcht. Und ich muss mich eine Zeit lang mit ihr auseinander setzen, sie überwinden.

HELLINGER Man muss sie überwinden. Wer ihr erliegt, und das ein paar Mal, der hat verspielt. Wenn die Furcht von ihm Besitz ergreift und er nach außen schielt und sich fragt, was kann jetzt passieren, der bleibt in engen Grenzen. Das ist das Erste beim Familienstellen.

Es gibt aber auch solche, die fangen leichtsinnig an und haben gar keine Furcht, dass etwas falsch geht. Doch die sind eher naiv, die kann man vergessen.

ULSAMER Ich habe in den USA gehört, dass es einige gab, die erfahren mussten, dass sie dem Familien-Stellen nicht gewachsen waren. Die haben es dann wieder sein lassen.

HELLINGER Wer sich da nicht wirklich stellt, kraftvoll stellt, und auch das Nötige tut, um die Kraft zu gewinnen, es gut zu machen, wer sich also nicht auch der Disziplin unterwirft, der kann gleich einpacken.

Als erstes muss man etwas davon wissen, was in Familien vor sich geht; er kann also nicht blindlings anfangen und meinen, er könne ohne genaueres Wissen etwas erreichen. Er muss zum Beispiel wissen, wie das Gewissen wirkt, das persönliche Gewissen und das unbewusste kollektive Gewissen. Was durch das Familien-Stellen durch lange Erfahrung von vielen ans Licht gebracht wurde, damit muss er sich vorher vertraut machen. Er kann auch wieder von vorne anfangen, wenn er will, wenn er dabei aufmerksam ist, macht das nichts aus. Wenn er aber meint, er könnte mit seinen bisherigen Vorstellungen weiter arbeiten, ohne dass er sich dem stellt, was durch das Familien-Stellen ans Licht gebracht wurde, der scheitert. Aber ich bleibe hier zunächst bei denen, die das ernsthaft betreiben.

Die erste Gefahr ist also die Furcht. Wer die überwunden hat, sagt der Don Juan bei Castaneda, der gewinnt Klarheit, und diese Klarheit geht ihm nicht mehr verloren; die hat er. Nach einiger Zeit erkennt man einfach in den verschiedenen Situationen: ja, so ist es. Man hat die Klarheit, geht es oder geht es nicht. Das ist die wichtigste Klarheit überhaupt, ob etwas geht oder nicht geht. Diese Klarheit ist eigentlich Weisheit: Geht dieser Vorschlag oder geht er nicht? Was hilft und was hilft nicht? Das kann man dann sofort erkennen. Wer diese Klarheit hat, kann das sofort erkennen, intuitiv. Doch diese Klarheit ist der nächste Feind, denn manchmal verlässt man sich auf die bisherige Klarheit. Zum Beispiel gibt es einige, die arbeiten beim Familien-Stellen noch wie vor fünf Jahren oder wie vor zehn Jahren.

Die sind stehen geblieben. Für sie ist die Klarheit, die sie gewonnen haben, der neue Feind des Wissens, weil sie daran festhalten. Was die Klarheit betrifft, muss man immer sehen, dass sie vorläufig ist. Wer dann den Feind Klarheit überwunden hat, der gewinnt Macht. Sie ist der größte Feind des Wissens. Da gibt es also solche, die andere kontrollieren wollen, die wollen dann anderen Vorschriften machen. Sie üben Macht aus, indem sie sich dem Neuen entgegenstellen und meinen, es aufhalten zu können.

ULSAMER Dieses Bedürfnis, ganze Familien zu heilen, ist das auch ein Ausfluss dieser Macht?

HELLINGER Ja, genau. Das ist auch einer.

ULSAMER Magische Heiler einer Familie durch das Familien-Stellen.

HELLINGER Genau. Wenn man die eigenen Grenzen nicht anerkennt, also wenn man mit dem Familien-Stellen alles machen will, dann geht man über seine Grenzen hinaus, überschreitet sie nach einiger Zeit. Das ist also der nächste Feind. Ja, und wer diesen Feind überwunden hat, diesen schweren Feind, die Macht, der ist ganz nah am Wissen. Aber es kommt noch ein Feind, das ist das Bedürfnis nach Ruhe. Dass man also nicht mehr mitgeht, sondern stehen bleibt, weil es einem zuviel wird. Dieser Feind wird nie ganz überwunden, sagt Castaneda. Man kann dieses Modell von Carlos Castaneda auf das Familien-Stellen ganz gut anwenden. Ich finde es großartig, was da beschrieben ist.

Das Andere hinter dem Schicksal

ULSAMER Du sprichst oft von „in den Dienst genommen sein": Jemand ist in den Dienst genommen. Ist jeder gleichermaßen in den Dienst genommen? Sind wir alle in den Dienst genommen? Oder was meinst du damit?

HELLINGER Dieses „in den Dienst genommen sein", hat als Hintergrund die Überzeugung, dass alle Menschen gleich sind. Alle sind vom Leben in bestimmter Weise in den Dienst genommen und tragen zum Ganzen bei. Was immer sie machen, ob sie Gutes tun oder Schlimmes, auch das trägt zum Ganzen bei und ist notwendig. Es ist immer diese Ergänzung. Die Pole sind immer notwendig. Durch diese Erfahrung wachsen wir, wächst auch die Menschheit. Der Einzelne sieht, wenn er auf sein Leben zurückblickt, wie immer es war, dass er in Situationen gestellt war, denen er nicht ausweichen konnte. Im Rückblick merkt er, wenn er ihnen zustimmt, dass darin etwas Kraftvolles wirkte. Die meisten fühlen sich geführt, wenn sie zurückblicken. Wenn man auf sein Leben zurückblickt, wird einem in vielen Situationen bewusst: Ich habe eine gute Führung gehabt, eine gute Führung oder einen guten Führer. Er fühlt, dass da etwas gesteuert hat. Etwas hat gesteuert, dass ich diesem Menschen begegnet bin und jenem Menschen, dass ich der Frau begegnet bin, die ich dann geheiratet habe.

ULSAMER Können wir nicht auch sagen: Das ist ein Zufall; und wenn ich nicht dieser Frau begegnet wäre, wäre ich einer anderen begegnet, dann wäre ich mit der verheiratet. Aber hinterher deutet man das dann so, dass es gesteuert war.

HELLINGER Das ist ein Gedankenspiel. Denn du kannst es ja nicht überprüfen.

ULSAMER Das eine wie das andere.

HELLINGER Das eine kannst du überprüfen, das, was du wirklich erlebt hast, wenn du zurückschaust. Sterbende zum Beispiel, wenn sie auf ihr Leben zurückschauen, sind in der Regel damit zufrieden und sie finden: Ja, so war es gut, und es war erfüllt. Auch da haben sie das Gefühl von Führung. Führung, was immer es war, ob es etwas Kleines war oder etwas Großes, das gleiche Maß. Das meine ich mit diesem „in den Dienst genommen sein". Manche sind für Größeres in Dienst genommen, das ihnen Schwereres abverlangt, zum Beispiel Politiker oder sehr Reiche. Hier nimmt der Dienst noch andere Dimensionen an und verlangt von dem Einzelnen etwas ganz Besonderes. Aber wenn er in dieser Haltung von „in den Dienst genommen sein" ist, kann er auch das meistern.

ULSAMER Das macht dann eigentlich von innen her keinen Unterschied.

HELLINGER Es macht keinen Unterschied von innen her, nein. Denn keiner kann es sich auswählen.

ULSAMER Und wenn man sich dann fragt, von wem oder was man in den Dienst genommen ist, dann kann man doch eigentlich „Schicksal" oder „Leben" fast gleichsetzen oder die Begriffe austauschen. Wir haben ja vorhin vom Schicksal gesprochen, aber eigentlich kann ich es doch auch „das Leben" nennen.

HELLINGER Das könnte man, ja. Du kannst auch den Tod genauso mit hereinnehmen, denn das sind alles nur Chiffren für etwas, das verborgen bleibt. Wir scheuen uns, es konkreter zu nennen. Wir würden uns zum Beispiel heutzutage scheuen, dazu „Gott" zu sagen. Das ist für uns zu abgegriffen und auch zu anmaßend. Aber hinter dem Schicksal wirkt etwas anderes. Und hinter dem Leben wirkt etwas anderes; aber was es ist, bleibt geheimnisvoll. Wenn man aber jetzt nur Schicksal sagt, ohne das andere mitzufühlen oder zu erahnen, dann hat es keine Kraft mehr; auch das Wort „Leben" hat keine Kraft mehr, wenn ich nicht das andere, was dahinter wirkt, mit erahne und mich ihm stelle, obwohl ich es nicht erfassen, nicht sehen kann. Das gleiche gilt ja für die Eltern auch, wenn ich dahinter schaue, was hinter ihnen wirkt.

ULSAMER Ich komme, je länger ich diese Aufstellungen mache, immer mehr und immer wieder einmal zu dem Gefühl: das sind nur Etiketten für etwas. Und auch wenn ich das Wort „Mutter" oder „Vater" gebrauche, ist es eigentlich nur ein Etikett für irgend etwas, was ich nicht benennen kann, also für etwas Geheimnisvolles. Diese ganzen Begriffe, die so abgenutzt sind, sind eigentlich nur ein Etikett auf etwas, und mit dem Etikett haben wir dann das Gefühl, wir haben es irgendwie im Griff.

HELLINGER Wenn man erfasst hat, dass es nur Etiketten sind, dann wird man ganz vorsichtig. Selbst der Begriff Seele zum Beispiel ...

ULSAMER Gerade der Begriff Seele.

HELLINGER Aber wenn man merkt, dass sich etwas in der Seele bewegt, wenn ich so ein Wort ehrfürchtig sage; wenn ich ehrfürchtig Mutter sage, sehe ich nicht nur meine Mutter, sondern ich sehe die Mutter. Man spürt, was das für eine Kraft ist, wenn man aufstellt und die Mütter hintereinander stellt oder die Väter. Auf einmal merkt man, da ist etwas Besonders drin und zwar etwas, das mit der individuellen Person allein gar nichts zu tun hat, es ist etwas Größeres da. Wenn man sich da hinein vernetzt fühlt und sich einfügt, fühlt man sich gut.

Vom Gebrauch der wesentlichen Worte

ULSAMER Ursprünglich haben Worte in der Aufstellung ein ganz großes Gewicht. Gerade die lösenden Sätze, die du entwickelt hast, wie „Ich gebe dir die Ehre" oder „Ich nehme das Leben von dir mit allem, was dazu gehört", sind ja sehr kraftvoll. Mit diesen Worten geht die Aufstellung oft in eine gute Richtung. Jetzt verlässt du teilweise die Worte, sie werden sozusagen zurückgelassen. Meine Frage ist jetzt: Wo sind für dich die Grenzen der Worte oder wo ist der Nutzen von Sprache in dieser Arbeit?

HELLINGER Diese besonderen Worte oder Sätze sind ein Anstoß für eine Bewegung der Seele. Sie kommen auch aus einer Bewegung der Seele. Wenn man zum Beispiel bei einer Aufstellung sieht, einer steht eine lange Zeit ganz steif da, dann sieht man: das Gegenteil wäre die eigentliche Bewegung der Seele. Wenn ein anderer seinen Kopf leicht nach vorne neigt, dann sieht man eine Bewegung, die sich vielleicht auch äußern will in einem Wort. Zum Beispiel nur in dem Wort „Bitte". Das ist ein ganz schlichtes Wort, aber man erfährt, welche Kraft das hat; oder auch das Wort „Mama". Diese Worte haben in dem Augenblick Kraft. Oder dann auch Sätze wie „Ich gebe dir die Ehre" oder „Hier bin ich der Kleine".

Es gibt Wurzelworte. Man kann ja sehen, dass unsere Sprache sich aus wenigen Wurzeln, den indogermanischen, entwickelt hat. In ihnen ist alles noch verdichtet. Später entwickeln sich diese Urworte in viele andere weiter. Diese anderen Worte haben nicht die gleiche Kraft und Dichte wie die Urworte. Zu jedem dieser Worte kannst du hundert Sätze sagen, wenn du möchtest. Aber du sagst sie nicht, du bleibst nur bei dem einen Wort, das der Wurzel am nächsten ist. In ihm ist das andere enthalten und verdichtet. Zum Beispiel ist das Wort „Bitte" so ein gewaltiges Wort. Da ist alles drin; wenn ich jetzt nur einen Satz hinzufüge oder nur drei Worte, hat es bereits an Kraft verloren. Man merkt also, wie viel Kraft in einem Wort enthalten sein kann. Die Worte, die bei einer Aufstellung zu jemand gesagt werden sollen, werden überprüft an der Kraft, die sie haben und die sie vermitteln. Deswegen ist diese Reduktion eine Verdichtung, die den Worten noch mehr Kraft gibt. Manchmal kannst du sogar auf das Wort selbst verzichten, wenn die Bewegung der Seele sich ursprünglich ausdrücken kann. Da legt zum Beispiel ein Großvater, der verleugnet hat, dass er Jude ist, seinen Kopf auf die Schulter eines Mannes, der durch den Holocaust ums Leben kam. Diese eine Bewegung sagt mehr als tausend Worte. Aber im Prinzip geht das zusammen: die Bewegung der Seele und dieser behutsame Gebrauch von wesentlichen Worten.

ULSAMER Ich habe erlebt, dass es Aufstellungen gibt, wo Worte irgendwie an ihre Grenzen stoßen; die sind dann nicht mehr gemäß.

HELLINGER Genau.

ULSAMER Alles, was in dieser Aufstellung passiert, ist größer als Worte, und wenn ich dann ein Wort sage wie „Danke", passt es nicht mehr. Je intensiver oder je wichtiger die Themen sind, desto behutsamer muss man mit Worten umgehen, weil die sonst nicht mehr passen.

HELLINGER Ganz genau. Aber beides gehört zusammen, das Wort und die Bewegung. Sie braucht sich aber nicht immer zu verdichten. Manchmal ist es auch so, dass das Vordergründige völlig in Ordnung ist, weil es da genügt.

ULSAMER Bei diesen Bewegungen der Seele, in diesen Aufstellungen ohne Worte, fallen ja Teile weg, die früher ganz wesentlich waren, nämlich dieses Einbringen der Ordnung. Das war ja immer ein sehr kostbares und wertvolles Element. Wie siehst du das jetzt, wenn das wegfällt?

HELLINGER Es kommt darauf an, was das Anliegen ist. Wenn es das Anliegen ist, dass zum Beispiel Kinder zu ihren Eltern finden, sieht man gewisse Ordnungen, dann kann man damit arbeiten, man kann das auch zeigen. Aber ich bringe jetzt ein Beispiel für das andere: Eine Frau hat schwere Probleme mit der Bauchspeicheldrüse, und sie möchte lernen, damit zu leben. Ich habe ihr gesagt, vielleicht musst du lernen, damit zu sterben. Natürlich ist das eine ganz andere Ebene. Dann habe ich ihr gesagt, wir stellen nur zwei Stellvertreter auf, einen für das Leben und einen für den Tod. Ich habe zwei Männer ausgewählt und sie einander gegenüber gestellt Die beiden sind aufeinander zugegangen, haben sich nebeneinander gestellt und haben sich angelacht. Dann habe ich die Frau vor die beiden gestellt. Sie konnte sich nicht für einen entscheiden. Plötzlich war klar, Leben und Tod sind das Gleiche, die sind Brüder, Geschwister. Daraufhin hat sie ihren Kopf zwischen beide gelegt. Das ist also eine Bewegung der Seele, bei der jedes Wort und jede Erklärung stören würde. Durch diese Bewegung kam die Frau in Einklang mit beiden.

HAUSNER: Dennoch ist es aber wohl so, dass manchmal ein Wort in der Aufstellung eine Bewegung wieder in Gang bringt. Zum Beispiel in der Aufstellung, die ich vorhin angesprochen habe, als der Krieg sagte „Ich bin euer Schicksal". Dieser Satz hat bewirkt, dass bei den Toten etwas in Bewegung kam. Plötzlich konnten sie dorthin schauen und waren auch gefesselt von seinem Blick, und es lief eine Bewegung ab zwischen dem Krieg und ihnen und nicht mehr nur zwischen ihnen und der noch lebenden Person.

In Einklang kommen

ULSAMER Du sprichst so viel von Einklang oder auch davon, anzuerkennen, was ist. Welche Rolle spielt denn dabei der individuelle, persönliche Wille? Ist das ein Widerspruch oder sind das zwei Pole, dieses eine, das schicksalhaft geschieht, und das andere, dass wir mit Willen und eigener Kraft etwas erreichen wollen? Und gibt es überhaupt den freien Willen?

HELLINGER Am besten kommt man voran, wenn man etwas im Einklang will. Jedes Wollen, das nicht im Einklang ist, greift in etwas ein. Weil es eingreift, wird es von dem, in das es eingreifen will, auch gestoppt.

ULSAMER Es gibt also einen Willen, der im Einklang ist, und einen Willen, der nicht im Einklang ist.

HELLINGER Ja. Wenn einer etwas forcieren will, dann kann er diesen Willen mobilisieren. Er stellt etwas auf die Beine, und nach kurzer Zeit ist es vorbei.

ULSAMER Könnte es sein, dass man sagen kann, dass dieser Wille vielleicht im Einklang ist mit einem selber, aber nicht mit dem größeren Ganzen?

HELLINGER Nein, das kann man nicht unterscheiden.

ULSAMER Ich denke gerade daran, dass ich bestimmte Dinge einmal wollte und meine ganze Kraft und Energie dafür einsetzte, aber irgendwann war es gestoppt. Das habe ich dann gemerkt und habe ich es aufgegeben. Und doch sehe ich das auch jetzt noch als wichtig an.

HELLINGER Gut, man lernt aus allem.

ULSAMER Also, da gibt es diesen Teil, dass jemand etwas will; und das ist eigentlich ein wichtiger Teil, auch der eigenen persönlichen Entwicklung. Und das Lernen besteht dann darin, dass man anfängt, entspannter zu werden?

HELLINGER Man muss schon im Alltäglichen die Bereiche unterscheiden. Wenn ich jetzt Mittagessen gehen will, dann entscheide ich mich einfach und wähle das Restaurant aus, wo ich hingehen will, oder du wählst das Hotel aus, wo du übernachten willst oder dergleichen. Das ist alles sozusagen frei. Das hat im Grunde gar keine Konsequenz, das ist im Grunde egal, wie du dich entscheidest; ob du so entscheidest oder so, das ist völlig egal. Aber wenn es jetzt um wesentlichere Dinge geht, um den Lebensweg oder die Berufsentscheidung oder um eine Hilfe, da ist es etwas anders, dann kann ich abwägen, ob etwas daraus wird oder nicht. Wenn man dann den Weg sozusagen gefunden hat, wenn du weißt, „ah ja, jetzt werde ich Jurist", dann arbeitest du sozusagen mit freiem Willen. Du machst alles, was da notwendig ist, aber diese grundlegende Entscheidung, die ist eine andere gewesen, die ist dem vorausgegangen.

ULSAMER Diese grundlegenden Entscheidungen sind ja irgendwie auch nicht in unserer Hand.

HELLINGER Aber da merkt man: Passt es einem oder nicht? Ist man damit in Einklang oder nicht? Entspricht es sozusagen der eigenen

Berufung oder nicht? Aber wenn die Entscheidung dann gefallen ist, dann bewegst du dich sozusagen in dem Rahmen, frei.

ULSAMER Eine weitere Frage: Wenn wir so geführt werden, wenn wir im Einklang sind, wenn wir in Dienst genommen sind, gibt es da überhaupt gut und böse? Sind die Begriffe dafür tauglich?

HELLINGER Die Begriffe sind schon wichtig für uns zur Unterscheidung, man kann nicht sagen: es ist alles gleich. Es ist nie alles gleich gut. Zumindest vordergründig muss man diese Unterscheidungen treffen, und sie geben auch eine gewisse Richtung an. Wenn ich merke: wenn ich das jetzt mache, da tue ich jemand etwas an, und das ist schlimm – dann hält mich diese Überprüfung zurück, es zu tun. Dann gibt es, sagen wir, schlimme Dinge, die macht einer unter Zwang. Er kann dem sozusagen nicht entrinnen, weil er unter Zwang handelt, aus einer Verstrickung heraus. Oder auch, weil er meint, er sei zu etwas Großem berufen, wie, sagen wir, Hitler zum Beispiel. Wenn Menschen mit Sendungsbewusstsein etwas machen und dann die schlimmsten Sachen anrichten aus diesem Sendungsbewusstsein heraus, sind sie blind dabei, sie sind darin nicht frei. Wir müssen zugeben, dass auch das Böse in den Händen von größeren Mächten ist und in einem größeren Ganzen einen Sinn hat.

In mehreren Aufstellungen kam zum Ausdruck, dass zum Beispiel NS-Täter erst weich werden können, wenn sie als Menschen geachtet werden. Die sind in einem Feld drin, wo sie ganz starr sind, wo sie den Tod und das, was passiert ist, noch nicht anschauen können, und wo sie zugleich auf ein Schicksal schauen, dem sie ausgeliefert sind. Wenn jemand sie auf einmal als Menschen achtet, nur als Menschen, dann sinken sie in sich zusammen und werden menschlich.

ULSAMER Wenn es darum geht, in Einklang zu sein, das ist ja auch ein Weg. Bringt einen das Leben allein dahin oder ist das ein Übungsweg von Achtsamkeit und Sammlung? Geht das auch ohne zu üben, oder wie kommt man in diesen Zustand von Einklang?

HELLINGER Das ist, wie wenn man ein Instrument stimmt. Wenn du eine Geige stimmst, merkst du: aha, es ist zu hoch, es ist zu niedrig, und wenn du sie dann auf den richtigen Ton bringst, merkst du: ja, jetzt stimmt es. Wenn der Einzelne etwas unternimmt, wird er einfach durch seine Misserfolge darauf gebracht zu prüfen, was jetzt anders gegangen wäre. Wenn er das nicht nur äußerlich betrachtet, im Sinne von Erfolg oder Misserfolg, sondern darauf achtet, wie er sich dabei gefühlt hat, beim einen oder beim anderen, dann merkt er langsam: Wenn ich das tue, dann fühle ich mich anders, als wenn ich das tue. Dann merkt er, dass es eine Abweichung zum Beispiel nach rechts gibt oder eine Abweichung nach links, und dann prüft er, bis es stimmt, und dann auf einmal ist er in seiner Kraft. Wenn er aus diesem Einklang heraus handelt oder etwas sagt, hat das eine Wirkung, und es bringt andere auch in Einklang.

ULSAMER Das heißt also: Die erste Voraussetzung ist also, dass du überhaupt einmal anfängst, dich zu spüren, oder dass du in Verbindung bist mit dir; denn ohne Bewusstsein für den Körper oder für dieses Instrument kommt man nicht in Einklang.

HELLINGER Es braucht eine gewisse Übung, auch eine gewisse Disziplin, manchmal vielleicht auch eine Anleitung, und dann braucht es einfach Erfahrung.

ULSAMER Das wäre dann so, wie wenn jemand sagt, ich mache Zen-Meditation oder andere Übungen, der wäre in ähnlicher Weise auf dem Weg, dieses Instrument, nehmen wir den Körper als Instrument, sich da einzustimmen.

HELLINGER Ja, aber am meisten stimmt das gewöhnliche Leben ein.

ULSAMER Diese Reflektion, die du gerade beschrieben hast und von der du sagst, dass sie sinnvoll ist – die ist gar nicht so leicht.

HELLINGER Sie ist ja oft gar nicht nötig, denn die Wirkung zeigt sich ja sofort. Wenn du auf Wirkungen achtest, also darauf, wie jeder reagiert, dann ist das relativ einfach.

ULSAMER Ich habe einmal den Spruch gehört: „Erfahrung tut nur Weise lehren, den Narren macht sie niemals klug." – Manchen ist es gegeben, daraus zu lernen und anderen nicht. Oder kann man dem auch nur zustimmen?

HELLINGER Ich habe einmal den Spruch gebracht: „Das Schicksal wird vorangebracht durch Blinde."

Verstrickung und Schuld

ULSAMER Wenn man alles in größerem Zusammenhang betrachtet, muss man sehen, dass auch die Verstrickung irgendwie im Dienst ist.

HELLINGER Ja, es geht nicht darum, eine Verstrickung sozusagen unschädlich zu machen, sondern darum, die Kräfte, die durch sie gebunden sind, in eine andere Richtung zu bringen. Aber ohne Verstrickungen. Was wären wir denn, ohne dass wir auch in solche schlimmen Sachen mit eingebunden sind wie, sagen wir, in persönliche Schuld.

Ich habe vor kurzem einen schönen Spruch bekommen: „Ein Leben ohne konkrete Schuld ist ein Leben ohne Qualität, ist ein Komfort, den das Leben den Lebenden nicht gestattet." Das ist wirklich schön gesagt.

ULSAMER Also kann man sagen: Verstrickung ist ein Teil Schuld?

HELLINGER Deswegen muss man auch als Helfer darum wissen; und wenn jemand nicht aus der Verstrickung herausfindet, muss man beachten, dass sie vielleicht für ihn das Beste ist und er daraus die meiste Kraft zieht. Dann darf man nicht so tun, als sei das etwas Schlimmes. Deswegen darf man auch eine Krankheit nicht immer sofort heilen oder jemanden vor dem Tod bewahren wollen mit allen Mitteln.

Dazu ein Beispiel. Der Enkel eines der reichsten Männer in Amerika war drogensüchtig. Dann hat er einen Unfall gehabt und sie haben ihn im Privatflugzeug zu allen möglichen Ärzten gebracht und haben ihn gerettet. Aber jetzt ist er völlig verblödet, sitzt da, kann nichts mehr machen und ist voller Schmerzen. Was war da die Hilfe wert? Wenn er gestorben wäre, wäre sein Leben erfüllt gewesen. So geht das manchmal.

ULSAMER Es ist ja schwierig, das von außen zu beurteilen und solche Entscheidungen zu treffen.

HELLINGER Eben. Und jetzt ist die Frage: Bin ich im Einklang oder nicht? Gerade hier spielt sie eine große Rolle. Bin ich im Einklang mit dem Schicksal des anderen oder will ich da eingreifen?

ULSAMER Das ist auch bei lebensverlängernden Maßnahmen bei Kranken und Sterbenden eine Frage. Das scheint auch ein Dilemma zu sein, in dem die Ärzte oder diejenigen, die diese Entscheidungen zu treffen haben, stehen.

HELLINGER Ja, in einem Dilemma sind sie, weil sie von verschiedenen Kräften zum einen oder zum anderen gedrängt werden. Da den Weg zu finden, das ist schon schwer. Aber wenn einer geübt ist, in den Einklang zu gehen, dann findet er vielleicht auch da den Weg. Wenn er seine Sache sozusagen logisch, nur mit dem Verstand lösen will, dann verrennt er sich, aber im Einklang sind auch solche Entscheidungen leicht.

ULSAMER Das ist dann die persönliche Entwicklung, die jemand schon durchlaufen haben muss, um in diesem Zustand zu sein. Das sind dann Lebenshaltungen ...

HELLINGER Ein Arzt hat mir das bestätigt, gerade aus diesen Erfahrungen heraus hat er mir geschrieben.

ULSAMER Es geht in dieser Arbeit eigentlich um Lebenshaltungen, um Lebenseinstellungen. Ursprünglich war es einmal so, dass man Aufstellungen macht, dass man etwas im Bild der Familie verändert, aber im Grunde geht es ja um mehr.

HELLINGER Ja, wenn man von Lebenshaltungen spricht, von Haltungen oder Einstellungen, dann ist da sozusagen eine Forderung drin. Eine bestimmte Haltung lernt man, und da ist möglicherweise schon wieder etwas schief, falls da ein Druck ausgeübt wird. Wenn ich dagegen sage: Es kommt darauf an, am Ende mit dem Wesentlichen in Einklang zu kommen – was immer das ist, das ist ganz verschieden – dann ist es gut.

ULSAMER Der Philosoph Martin Heidegger war für dich eine wichtige Quelle und Anregung.

HELLINGER Ja, das war er einmal, aber auch das ist weiter gegangen.
Das Wichtigste für mich bei Heidegger war, dass sich die Wahrheit immer nur in Ausschnitten zeigt. Sie ist also nicht in mir, in dem Sinne, dass ich die Wahrheit finde oder konstruiere oder etwas in ihr, sondern sie zeigt sich in dem Phänomen, es steigt etwas auf, als Einsicht zum Beispiel. Aus dem Vielen kommt plötzlich eine Einsicht, sie ist aber immer begrenzt. Heraklit hat dafür das Bild des Blitzes. Der Blitz erhellt aber nur einen Teil. Ringsherum ist noch alles dunkel, nur der kleine Teil, der Ausschnitt, ist da. So ist Wahrheit. Von viel Dunkel umgeben, verborgen, und es sinkt wieder zurück, und auf einmal kommt wieder etwas hoch, und auf einmal entsteht nachher etwas Ganzes, kommt ans Licht, aber nicht etwas, was ich mir vorgestellt habe, nach gewissen Ordnungen oder Regeln, sondern etwas völlig Anderes, Überraschendes. Und diese Sicht auf Wahrheit, dieser Umgang mit Wahrheit und vor allen Dingen auch der Respekt vor dem, was verborgen bleibt, notwendig verborgen bleibt, davor, dass das, was sich zeigt, immer nur ein Ausschnitt ist, dass es nie vollständig ist, das war mir mit das Wichtigste bei Heidegger.

Von den Bewegungen der Seele

OSNAJASKY Wie würden Sie diese Kraft benennen, die in der Konstellation wirkt und durch die die Repräsentanten der Familienmitglieder wirken?

HELLINGER Seele

OSNAJASKY Wie ist die Beziehung zwischen Seele und Schicksal?

HELLINGER Die Seele steuert das Schicksal.

OSNAJASKY Hat es etwas zu tun mit dem von Jung benannten kollektiven Unterbewussten?

HELLINGER Nein, es beruht auf der Beobachtung, dass Seele, wo immer sie erfahren wird, entweder als Seele in Erscheinung tritt, die den Körper steuert, oder als Familienseele oder als große Seele.

OSNAJASKY Die Seele einer Gemeinschaft, eines Volkes?

HELLINGER Ja. Es hat zwei Funktionen. Die eine eint die Einzelnen zu einem Ganzen, also Teile zu einem Ganzen. Und sie gibt ihnen eine Richtung und steuert sie.

OSNAJASKY Wohin steuert sie?

Das Ich und die Seele

HELLINGER Das ist ein Geheimnis. Man kann sehen, dass die Körper-Seele einerseits den Körper zusammenhält und dass sie darauf hinsteuert, den Körper zu erhalten, solange es geht. Die Familien-Seele hat die gleiche Funktion. Sie will die Familie zusammenhalten. Also wenn zum Beispiel jemand ausgeschlossen wird, will die Seele ihn wieder herein holen. Es ist aber so, dass der Einzelne, indem er zur Familie gehört, nicht nur ein persönliches Schicksal hat, sondern dass er mit den Schicksalen der anderen verwoben ist. Der Einzelne wird erst er selbst, wenn er diese Verbindungen anerkennt und ihnen zustimmt. Es scheint so, dass die Seele auf mehreren Ebenen wirkt.

Der einzelne Mensch entwickelt sich, indem er zuerst sein ICH entfaltet oder entwickelt. Das heißt, seine Erfahrungen sammeln sich auf einen Punkt, werden von da her erlebt und beurteilt. Das ist ICH. Wenn das Ich entwickelt ist, geht die Bewegung zurück. Das heißt, das Ich lässt los und fügt sich in ein größeres Ganzes ein. Danach beginnt die Seele auf eine ganz besondere Weise den Einzelnen zu führen. Diese Führung wird erlebt als Berufung für eine ganz bestimmte Aufgabe. Wenn man sich dem dann fügt, erlebt man sich als geführt. Die Unterscheidung zwischen geführt-werden und freiem Willen gibt es dann nicht mehr. Die hört dann völlig auf.

Also bei der Familienaufstellung kann man sehen, dass erst das Vordergründige gelöst wird. Und darunter gibt es auf einmal eine Bewegung, die geht weit darüber hinaus. Zum Beispiel – hier in Argentinien – als die Mütter in einer Aufstellung ihren verschwundenen Söhnen begegnet sind. Das ist die tiefere Bewegung. Wenn der Therapeut selbst mit dieser tieferen Bewegung im Einklang ist, dann kann er dem Klienten den Raum geben, dass er auch in diese Bewegung mit hinein geht. Das ist viel mehr als Psychotherapie.

OSNAJASKY Genügt beim Familien-Stellen eine einzige Aufstellung oder muss dem ein längerer therapeutischer Prozess folgen?

HELLINGER Gewöhnlich genügt eine Aufstellung. Die Hauptbewegung in einer Aufstellung führt zu einer Versöhnung. Die Versöhnung ist erreicht, wenn alle geachtet werden. Wenn das Kind seine Eltern achtet, wenn die Eltern das Kind achten, wenn auch die Ausgeschlossenen und die Bösen geachtet werden und auch die früh Verstorbenen. Dann kommt über das Familienstellen etwas in Gang, das nicht nur die Familie befriedet, sondern auch in anderen Zusammenhängen wirkt. Daher kann man das Familien-Stellen auch auf Organisationen und Schulen anwenden.

OSNAJASKY Warum haben Sie diesen Begriff „Seele" gewählt, und nicht „das Ganze", oder „Geist", oder „Energie"?

HELLINGER Energie greift viel zu kurz. Rupert Sheldrake hat in diesem Zusammenhang von morphogenetischen Feldern gesprochen. Das kann erklären, dass sich gewisse Muster wiederholen. Aber es gibt eine Bewegung hin auf etwas, was von Liebe getragen ist und von Achtung. Mit dem Wort Energie können wir das nicht erfassen. Das Wort Seele kommt dem näher. Es ist aber ein Begriff, der in der Psychologie verpönt ist, weil er zu nahe am Religiösen gesehen wird. Aber Seele ist hier kein religiöser Begriff. Es ist ein empirischer Begriff, aus der Beobachtung heraus. Er kommt dem, was beobachtet wird, am nächsten, es kommt den Phänomenen am nächsten. Deswegen bringe ich das auch nicht in Bezug zur Religion.

Zwar ist dieses Sich-Einfügen in die Bewegung der Seele ein religiöser Vollzug, doch wird das Religiöse nicht benannt. Es bleibt ein Geheimnis. Es geht nicht weiter als die Beobachtung geht. Das andere dahinter wird nur geahnt aber nicht benannt.

OSNAJASKY Jetzt möchte ich Fragen stellen, die hier in Argentinien viele Menschen umtreiben; Fragen zum Thema der Mütter und der Vermissten, was sich da in Buenos Aires abgespielt hat. Haben Sie schon vorher mit diesem Thema gearbeitet, mit Vermissten, so wie es in Argentinien erlebt wird?

Die Wirkung von Rachebedürfnis und Trauer

HELLINGER Ich habe in ähnlichen Kontexten gearbeitet, nicht im gleichen. Ich habe einmal in einer Familienaufstellung Opfer des Holocaust ihren toten Tätern begegnen lassen.

Ein andermal habe ich in Spanien in einer Familienaufstellung die Opfer des Bürgerkriegs von der einen und von der anderen Seite sich gegenüber gestellt, bis sie sich begegnet sind.

In Chile haben wir eine Aufstellung mit Opfern des Putsch-Regims und den Vertretern des Putsches gemacht. Überall lief etwas Ähnliches ab.

Hier war es so, dass wir die Mütter aufgestellt haben und ihre verschwundenen Söhne bzw. Kinder. In Chile hatten wir auch etwas Ähnliches erlebt, als eine Frau und ihr verschwundener Bruder aufgestellt wurden. Die Beobachtung dabei war, dass die übermäßige Trauer um die Toten die Toten stört. Vor allen Dingen wenn man sie rächen will, stört es den Frieden der Toten. Dieses Rachebedürfnis hat auch eine schlimme Wirkung auf die Trauernden, weil es ihr Herz verhärtet und den Boden für neue Kriege schafft. Immer wo etwas nicht vorbei sein darf, ist es der Nährboden für neue Auseinandersetzungen.

Aber ich kann mir vorstellen was hier versöhnen könnte. Wenn zum Beispiel die Regierung anerkennt, dass die Verschwundenen tot sind. Wenn das sozusagen auch durch ein Denkmal gewürdigt wird, oder einer Gedenkstätte. Es muss aber etwas Bescheidenes und Kleines sein, das einfach dazu dient, dass die Toten geehrt und sozusagen wieder in die Gesellschaft aufgenommen werden. Dann soll es auch vorbei sein dürfen.

OSNAJASKY Das ist es ja genau. Deshalb sagt man ja bei uns „die Verschwundenen", weil sie die großen Ausgeschlossenen sind.

HELLINGER Die Verschwundenen sind tot. Deswegen muss man sie die Toten nennen – nicht die Verschwundenen. Oder besser noch die Ermordeten.

OSNAJASKY Sehen Sie einen Unterschied zwischen den Vermissten, Verschwundenen und den Kindern der Verschwundenen? Sehen Sie einen Unterschied zwischen den Großmüttern und den Müttern von der Plaza de Mayo? Ist da ein Unterschied in der Dynamik? Was passiert unserem Volk mit diesem Unaufgelösten, nicht Verarbeiteten, nicht Integrierten?

HELLINGER Das Wichtigste sind die Kinder. Wenn diese Toten nicht gewürdigt werden – stehen die Kinder als Rächer auf. Und das ist schlimm sowohl für die Toten wie auch für die Kinder. Das Bedürfnis nach Rache – das ist oft kaschiert unter dem Begriff der Gerechtigkeit – verhindert die Trauer. Und es verhindert die Liebe zu den Toten. Statt dass man auf die Toten schaut und sich vor ihnen verneigt und sie dann in Ruhe lässt, schaut man auf die Täter.

Da ist noch etwas ganz Wichtiges: Wenn jemandem Unrecht geschehen ist, hat er bestimmte Rechte, ein Recht auf Ausgleich. Das Recht, dass es anerkannt wird, dass ihm Unrecht geschehen ist. Er hat also aus dem erlittenen Unrecht eine Kraft und einen Anspruch. Die Kinder haben nichts erlitten, persönlich jedenfalls.

Sie nehmen das Leiden ihrer Väter und leiten daraus einen persönlichen Anspruch auf Rache ab. Das ist für ihre Seele ganz schlimm, weil sie sich von sich selbst entfremdet. Und auch die Täter und die Nachkommen der Täter können dann den Toten nicht begegnen. Nicht auf eine gute Weise. Die Vorstellung, die hier hilft, ist: Man wartet bis die Täter tot sind und sieht sie dann zusammen mit ihren toten Opfern vereint. Das bringt Frieden sowohl für die Täter als auch die Opfer.

Auch die toten Opfer haben erst Frieden, wenn die toten Täter sich mit ihnen vereinen und sie die Täter zu sich nehmen.

OSNAJASKY Aber die Täter müssen tot sein, nicht durch Menschenhand?

HELLINGER Nein. Es ist so, dass die toten Opfer ihr Sterben erst vollenden können, wenn sie die toten Täter unter sich aufnehmen. Und die toten Täter haben ihren Frieden erst, wenn sie sich zu den toten Opfern legen. Wenn beide tot sind, hört die Unterscheidung zwischen gut und böse auf. Denn beide sind sozusagen im Dienste der Seele gewesen, die einen als Opfer und die anderen als Täter. Das anzuerkennen, ist das Schwerste. Das ist die eigentliche religiöse Demut.

OSNAJASKY Da ist noch so etwas hier bei uns: Es gibt Kinder, die wissen nicht, dass sie in Ersatz-Familien adoptiert sind als eigene Kinder, mit dem Namen der Ersatz-Eltern. Sie leben unwissend woher sie eigentlich kommen. Und es gibt Kinder von den Ermordeten, die in den Familien der Mörder leben.

HELLINGER Sie müssen alle zurück zu den wirklichen Familien. Das ist die Wiedergutmachung.

Da ist aber noch ein Aspekt, den man auch beachten muss: Viele der Opfer waren auch Täter. Man darf sie nicht einfach nur als Opfer sehen, man muss sie auch als Täter sehen.

OSNAJASKY Sie sagen, dass ein Kind liebt, ganz gleich wie die Eltern sind. Die Kinder, die in diesen Familien aufgewachsen sind, unwissend, dass das nicht ihre wirklichen Eltern sind, lieben sie die Mörder ihrer wirklichen Eltern, in diesem Augenblick?

HELLINGER Kinder wissen immer wer ihre Eltern sind. Sie wissen das immer. Es gibt aber noch eine andere Sache, die hier wichtig ist: Auch die Kinder der Täter lieben ihre Eltern. Und da ist eine wichtige Unterscheidung notwendig. Sie achten ihre Eltern als Eltern, nur als Eltern. Sie dürfen aber nicht aus Liebe die Schuld der Eltern übernehmen. Im Gegenteil, die Liebe fordert, dass sie das bei den Eltern lassen. Wenn sie anstelle der Eltern sühnen, erniedrigen sie damit die Eltern.

OSNAJASKY In der Gestalttherapie arbeitet man mit Träumen, um Verborgenes ans Licht zu bringen und zu integrieren. Ist das vereinbar mit Ihrer Arbeit?

HELLINGER Die Familienaufstellung bringt etwas Verborgenes ans Licht, viel mehr als ein Traum. Die meisten Träume dienen der Aufrechterhaltung des Problems. Die Analyse solcher Träume dient der Aufrechterhaltung des Problems. Deswegen analysiere ich in der Regel keine Träume. Ob ein Klient einen Traum erzählt, der der Aufrechterhaltung des Problems dient, sieht man daran, dass er ihn leichten Herzens erzählt. Die wirklich bedeutsamen Träume sind Schattenträume. Und die erzählt keiner so leicht.

OSNAJASKY Zumindest nähert er sich ihnen mit Furcht.

HELLINGER Dass er selbst im Traum der Böse ist – das sieht er nicht. Mir erzählen manchmal Leute solche Träume. Zum Beispiel erzählte mir ein Mann einen Traum, in dem jemand vor der Gestapo stand. Dieser Traum war ein Todestraum, der sein nahes Ende zeigte. Ich durfte ihm das aber nicht sagen. Also, mit Träumen bin ich sehr vorsichtig.

Manchmal gibt es auch Träume, die bringen verschlüsselt ein frühes Erleben ans Licht.

OSNAJASKY Sowohl beim Lesen ihres Buches als auch beim Anschauen der Aufstellungen, kamen in meine Erinnerung die Erzählungen der griechischen Mythen.

HELLINGER Diese Mythen erzählen Familien-Tragödien. Vor kurzem hatte ein Grieche in einem Kongress von uns darüber berichtet. Die Täter oder die Opfer in den griechischen Tragödien sind verstrickt in die Schicksale ihrer Familien. Aus dieser Verstrickung heraus tun sie das, was zum Unglück führt, mit gutem Gewissen. Doch indem sie diesem guten Gewissen folgen, verstoßen sie gegen eine tiefere Ordnung, die von einem anderen Gewissen gehütet wird.

OSNAJASKY Ich muss das noch mal hören, das ist mir nicht geläufig.

HELLINGER Also da muss man den Gegensatz der beiden Gewissen betrachten, den Gegensatz zwischen dem Gewissen, das man fühlt, und dem unbewussten Familien-Gewissen. Wenn also jemand dem persönlichen Gewissen folgt, dann möchte er zum Beispiel für seinen Vater ein Unrecht sühnen. Aber weil er das macht, verstößt er gegen das unbewusste Familien-Gewissen. Und dieses unbewusste Gewissen treibt ihn in den Ruin.

Das Neue beim Familienstellen ist, dass auch in solchen Situationen eine Lösung gefunden wird, indem die Ordnungen beider Gewissen sich verbinden. Die gleiche Liebe, die zum Unglück führt, kann dann zu einer Versöhnung führen, weil sie die Ordnungen der Liebe erkennt.

OSNAJASKY Sie haben gesagt, dass der Therapeut in dieser Arbeit, dieser Art von Psychotherapie nicht heilen will. Was will er?

HELLINGER Er geht den Ordnungen der Liebe nach. Wenn jemand nur auf die Heilung schaut, entgeht ihm das Größere. Wenn aber die Ordnungen der Liebe im Blick sind und hier etwas in Ordnung gebracht wird, hat es oft auch eine heilende Wirkung. Doch das Ziel ist zuerst, etwas im größeren Rahmen der Familie in Ordnung zu bringen.

Über die Bedeutung der Kirche

OSNAJASKY Darf ich zum Schluss noch fragen: Wie ist Ihr Verhältnis zur katholischen Kirche?

HELLINGER Ich stehe der Kirche von der Ferne wohlwollend gegenüber, weil ich sehe, welche große gesellschaftliche Bedeutung die Kirchen haben. Für mich sind sie große geschichtliche Entwicklungen, die von etwas Größerem gesteuert sind. Wenn ich anerkenne, dass alles von einem Größeren gesteuert ist, dann muss ich auch das Produkt anerkennen, als etwas Wichtiges zu seiner Zeit. Man braucht es auch in der heutigen Zeit. Also, da habe ich keine Schwierigkeiten, überhaupt nicht.

Ich habe aber Schwierigkeiten mit solchen, die die Kirchen kritisieren. Denn ich erlebe diese Kritik oft als unehrlich, denn diese Kritiken kommen oft von Leuten, die gleichzeitig von der Kirche zehren. Da stimmt irgend etwas nicht. Diejenigen, die die Kirche so kritisieren, sind ja gar nicht verpflichtet, in der Kirche zu bleiben. Warum sollten sie sie dann attackieren und sich über sie erheben?

Die verschiedenen christlichen Kirchen sind nicht zu unterscheiden. Für alle großen Kirchen gilt, dass sie geschichtliche Entwicklungen sind, die etwas Großes bewirkt und in ihrer Umgebung etwas Großes bewegt haben. Aber ich weiß, dass die Kirchen gleichzeitig etwas vertreten, das oft auch einengt. Aber nicht weil diese Kirchen oder die Vertreter schlecht sind.

Die Kirchen als solche sind für mich nicht etwas, was unmittelbar auf Jesus zurückgeht. Sondern es sind geschichtliche Bewegungen, in die sehr viel eingegangen ist aus der Umgebung. Für Paulus zum Beispiel spielt Jesus nur eine geringe Rolle. Er zitiert ihn nur in wenigen Sätzen. Also das, was Jesus gepredigt hat, ist für ihn von geringer Bedeutung. Er hat sich ein Bild gemacht, was es heißt, „der da kommt", aber das ist auch ein griechisches Bild. Das hat also mit Jesus von Nazareth wenig zu tun. Aber es entsprach einem Bedürfnis der Zeit und hat etwas großes Geschichtliches in Gang gebracht. Ich sehe die Kirchen als gesteuert von vielerlei geschichtlichen Bewegungen. Insofern kann ich den Kirchen meine Achtung entgegenbringen, ohne dass ich dem Glauben, den sie verkünden, anhänge. Da unterscheide ich für mich persönlich, weil ich sehe, da ist noch etwas anderes im Gange, was vielleicht das, was da gepredigt wird, auf einer höheren Ebene zu etwas Größerem führt.

Vom Hinschauen, Loslassen und Vergessen

SCHNEIDER Die Verbreitung der Aufstellungsarbeit im Ausland schreitet fort. Nun ist auch ein Anfang in Südamerika, in Argentinien, Chile und Brasilien gemacht. Welchen Eindruck hast du, wie deine Arbeit in Brasilien aufgenommen wurde? War beispielsweise in Rio eine Aufstellung, die dich besonders bewegt hat und dir auf eine besondere Weise etwas Neues gezeigt hat?

Aufstellung mit Generälen

HELLINGER Neu für mich war die Aufstellung mit Generälen. Da war eine Teilnehmerin, die sagte, ihr Vater sei General. Es gab in der Familie aber auch noch viele andere Generäle, mehrere Onkels, sowie einen Großvater und einen Urgroßvater. Es waren insgesamt sieben. Die haben wir dann alle zusammengestellt. Sie standen zuerst zusammen als eine Gruppe, und dann standen der Großvater und der Urgroßvater, der sogar ein Marschall war, den anderen gegenüber. Das war eine sehr eindrucksvolle Gruppe. Sie waren aber ganz steif, man hat etwas ganz „Festes" und „Rigides" gemerkt. Und ich habe mir vorgestellt, bei Generälen gibt es auch immer Opfer. Es ist nicht denkbar, dass jemand so eine Verantwortung hat, ohne dass es auch Leute gibt, die darunter gelitten haben. Dann haben wir fünf zufällige Opfer ausgewählt, meistens Frauen, und sie den Generälen gegenübergestellt. Die Frauen haben sich dabei sehr unwohl gefühlt, und damit etwas bei den Generälen in Frage gestellt. Am Ende stellten wir alle Generäle neben ihre Opfer. Da wurden die harten Männer weicher und haben sich auch besser gefühlt.

In einer anderen Aufstellung, die ich sehr eindrucksvoll erinnere, war jemand, der sehr reich war. Also seine Familie war sehr reich und hat dann durch verschiedene Umstände alles verloren. Wir haben dann den Großvater aufgestellt, der den Reichtum begründet hatte. Auch hier war meine Vorstellung, dass ein so großer Reichtum meist auf Kosten anderer angehäuft wird. Wenn der Reichtum dann auf so eine dramatische Weise verloren geht, wie das in dieser Familie der Fall war, dann liegt es nahe, dass die Annahme eines Unrechts auch stimmt. Deshalb haben wir auch die vermutlichen Opfer aufgestellt. Die Teilnehmerin – sie war die Enkelin von diesem Mann – hat sich vor diesen Opfern und dann auch vor dem Großvater verneigt. Schließlich wurde sie weg gedreht und hat den Großvater mit den Opfern alleine gelassen. Das war hier die Lösung.

SCHNEIDER Hast du den Eindruck, dass in den Aufstellungen in Brasilien andere Themen hochkommen als in Europa oder den USA?

HELLINGER Im Wesentlichen nicht. Die Themen waren eher allgemein. Auffällig war, dass es sehr viele Trennungen gibt, welche die Schicksale stark beeinflussen. Eine Aufstellung war da besonders eindrücklich: Eine mit einem Deutschen verheiratete Frau ist mit der gemeinsamen Tochter von Berlin wieder nach Brasilien zurück. In ihrem Verhalten war es ganz deutlich, dass sie sich noch nicht wie eine Erwachsene verhält, und die Aufstellung hat gezeigt, dass das Kind keine Eltern hat. Keiner der Eltern wollte eigentlich schon die Verantwortung für ein Kind übernehmen. Das habe ich dann sehr deutlich gesagt. Zu sehen, was das anschließend für eine Wirkung hatte, war sehr bewegend.

SCHNEIDER Meinem Eindruck nach haben die Personen in den Aufstellungen sehr intensiv gefühlt, und sie waren sehr bereit, dies in ihren Bewegungen frei auszudrücken. Sie schienen auch sehr bereitwillig zu sein, sich in den Lösungen zu umarmen, was eine sehr große Bereitschaft zu Nähe ausdrückte. Ich weiß nicht, ob du diesen Eindruck auch teilst?

HELLINGER Ja, das war natürlich im Unterschied zu Deutschland sehr ausgeprägt. Die Lösungen sind zwar auch bei uns bewegend, aber hier wurden sie noch umfassender und tiefer ausgedrückt. Es war wohltuend, das zu sehen.

Sehr beeindruckend war auch eine andere Aufstellung. Da war die erste Frau des Vaters an den Folgen der Schwangerschaft gestorben. Es war klar, dass der Klient, der aufgestellt hat, dieses Kind, mit dem die Frau schwanger war, vertreten muste. So etwas habe ich noch nie erlebt. Ich habe zum ersten Mal ein ungeborenes Kind aufgestellt, und es war völlig stimmig. Es hatte einen ganz traurigen Gesichtsausdruck. Als der Klient nachher zu seiner richtigen Mutter gehen konnte, ist er richtig aufgegangen und hat angefangen zu strahlen. Das war ein Mann aus Spanien.

HOHNEN Von der Dynamik her hat mich in dieser Aufstellung so fasziniert, dass der Letztgeborene – ich glaube, es waren neun Kinder in der Familie – das Schicksal übernimmt. Meistens übernehmen ja eher die Erstgeborenen so ein Schicksal.

HELLINGER Ich habe das so genommen, wie es war. Da war eine vielschichtige Dynamik in dieser Familie. Aber das für mich Interessante war, dass ein ungeborenes Kind aufgestellt werden musste.

HOHNEN Was war da ganz konkret das Neue für Dich? Abgetriebene Kinder stellst Du ja öfters auf.

HELLINGER Ja, aber ein ungeborenes Kind habe ich noch nie aufgestellt. Überhaupt der Gedanke, dass das ungeborene Kind später von jemand vertreten wird, das habe ich noch nicht gesehen, das war für mich völlig neu.

HOHNEN Im Kurs in Santiago de Chile war uns von Anfang an klar, wir bewegen uns hier auch in einem politischen Feld, geprägt durch die politischen Ereignisse 1973 und aktualisiert durch den Aufenthalt von

Pinochet in London. Es war quasi atmosphärisch zu spüren, dass wir mit diesem Thema in den Aufstellungen konfrontiert werden würden, was ja dann auch gleich am zweiten Tag geschah. Ich möchte Dich bitten, einfach zu sagen, was an dieser Aufstellung für Dich wesentlich war.

Wann man vergessen muss

HELLINGER Es kam eine Frau mit ihrer Therapeutin und hat gesagt, sie wolle aufstellen, ihr Vater sei verschwunden. Sie hatte aber Angst, das aufzustellen, weil sie auch Angst hatte, dass Aggressionen hochkommen könnten. Auf die Frage, was ihr Vater denn gemacht habe, sagte sie, er sei Führer einer kommunistischen Gewerkschaft gewesen. Und dann habe ich gefragt, wieviel Gefolgsleute aus der Organisation denn noch umgekommen seien. Sie sagte: tausendfünfhundert. Ich habe ihr dann versprochen, dass wir das aufstellen, ohne den Hintergrund zu nennen. Sie kam am nächsten Tag, noch etwas zögerlich, und ich habe ihr gesagt, sie solle mal aufstellen: Den Vater und fünf seiner Gefolgsleute, dann den Haupttäter, der also diese ganze Sache veranlasst hat – es war natürlich klar, dass es um Pinochet ging, aber es wurde kein Name genannt – und für ihn auch fünf seiner Gefolgsleute. Ich ließ die Täter und die Opfer einander gegenüberstellen. Die einzige Anweisung war, sie sollten ihrer Bewegung folgen. Und dann lief 20 Minuten lang eine unglaublich intensive Bewegung ab. Sie begann bei den Opfern. Es kam sehr viel Schmerz und lautes Weinen. Sie haben sich umarmt und wussten vor lauter Schmerz weder ein noch aus. Dann ist einer von den Tätern hinüber gegangen und wollte trösten – aber das ging nicht. Dann haben sich die Personen langsam immer mehr untereinander gemischt, die Opfer kamen immer näher zu den Tätern. Einige der Täter sind auf die Opferseite hinüber, aber haben sich hilflos hingesetzt, weil sie nicht wussten, was sie machen sollten.

Dann kam es zu einer Begegnung zwischen den zwei Haupttätern, dem Kommunistenführer und dem Führer der Putschisten. Es gab einen gewissen Kontakt, aber es wurde deutlich, dass der Putschistenführer keinen richtigen Kontakt aufnehmen konnte. Aber die Opfer versuchten zumindestens, ihn zu sich herüber zu nehmen. Einige von den Tätern sind dann aus Hilflosigkeit auch auf die Knie gegangen. Am Ende war klar, jetzt fehlt noch etwas ganz Wichtiges: die Täter sind nämlich noch nicht tot. Und so habe ich sie einfach hinlegen lassen, um damit ihr Sterben zu symbolisieren. Dann geschah etwas besonders Eindrückliches: der Haupttäter bewegte sich auf dem Boden zum Führer der Kommunisten hin und suchte mit ihm den Körperkontakt. So war das dann zu Ende. Anschließend konnte jeder der Opfer und der Täter berichten, was in ihm während dieser Aufsstellung vorgegangen war.

Das ganze war aber noch nicht zu Ende, und das war, glaube ich, das besonders Interessante: Als Fragen gestellt wurden, hat sich eine Frau gemeldet und gesagt, ihr Bruder sei verschwunden. Sie gebe ihm einen Platz in ihrem Herzen, aber sie könne und dürfe das nie vergessen. Ich habe ihr gesagt: „Du musst es vergessen!" Da wurde sie böse mit mir. Später habe ich gehört, dass sie in einer Organisation, die sich um die Familien der Verschwundenen kümmert, eine führende Position inne hat.

Ich habe nur Stellvertreter für sie und ihren Bruder aufgestellt. Ihre Stellvertreterin war wie tot, ganz versteinert. Und dem Bruder war das sehr unangenehm. Dann habe ich einen toten Kameraden neben ihn gestellt. Da fühlte sich der Bruder ganz wohl. Er hatte auch gar keinen Vorwurf, dass er umgebracht wurde. Für ihn war der Tod etwas anderes. Nur die Schwester blieb unbeweglich. Da habe ich es abgebrochen. Aber man konnte ganz deutlich sehen, dass es zu keiner Lösung kommt, wo es diese Haltung von Rache gibt, und wo man nicht vergessen darf und glaubt, das alles aufarbeiten zu müssen. Das wirkt sich für die Toten schlimm aus und für die Lebenden.*

HOHNEN Man muss aber sehen, dass bei denen, die von den schrecklichen Ereignissen noch so bewegt sind, gar wenn sie in solchen

---

*Diese Aufstellung ist dokumentiert in dem Video „Perpetrators and Victims in Chile" englisch/spanisch. Erhältlich bei MOVEMENTS OF THE SOUL VIDEO PRODUCTIONS, c/o Harald Hohnen, Uhlandstr. 161, 10719 Berlin.

Organisationen arbeiten – ich konnte das ja hier auch im Fernsehen verfolgen, denn in einigen Tagen ist ja der 26. Jahrestag des Putsches – ein Wunsch nach Ausgleich besteht. Dieser Wunsch nach Ausgleich geht für viele in die Richtung der Bestrafung der Täter. Im Gegensatz dazu plädierst du dafür, zu vergessen.

HELLINGER Wichtig ist natürlich zu sehen, dass viele dieser Opfer auch Täter waren. Das waren ja nicht alles Unschuldige. Viele waren engagiert und haben dabei selber auch Unrecht getan, was von uns leicht übersehen wird. Da war eine Teilnehmerin dabei, die mir erzählt hat, dass ihre Farm von Gegnern des Regimes besetzt und alle Bäume vernichtet worden seien. Es gab also auch einen Terror von der anderen Seite. Und für mich waren das bei der Aufstellung weitgehend Täter gegen Täter. Ich habe die Opfer nicht nur als Opfer gesehen, sondern auch als Täter, die aber verloren haben – verglichen zu den anderen, die gewonnen haben.

HOHNEN Du siehst da also einen Unterschied zum Beispiel zu einer Aufstellung zwischen Opfern und Mördern?

HELLINGER Ja, ich habe mich zwar äußerlich dem Opfer-Täter-Schema angepasst. aber innerlich war für mich klar, dass hier kein großer Unterschied zwischen Opfern und Tätern war. Das wollte ich da noch hinzuzufügen. In Bezug auf das Vergessen geht es darum, dass die Lösung bei den Toten bleibt, bei den toten Tätern und den toten Opfern. Die Lösung wird erreicht, wenn sie alle tot sind. Nicht vorher.

Jetzt wird oft die Lösung dadurch angestrebt, dass die Putschisten und die am Putsch Beteiligten bekennen sollen, dass sie Mörder sind. Das kann man nicht verlangen, weil die anderen eben auch nicht unschuldig sind. Sonst wird etwas verdreht. Was gemacht werden kann, ist Folgendes – das ist zwar jetzt gewagt, was ich sage, aber in Gesprächen kam das so raus –: der Staat gibt den Familien derer, die umgebracht wurden, vom Staat her, also unabhängig von den Putschisten, eine Unterstützung in Form einer materiellen Hilfe als Ausgleich. Das wird eine versöhnende Wirkung haben. Aber sich jetzt vorzustellen, dass es einen Dialog zwischen den Nachkommen der Opfer und den Putschisten geben kann, das geht nicht. Der Dialog hätte insgeheim nur zum Ziel, dass man die Putschisten als die schlimmen überführt. Sie lassen sich aber nicht überführen. So kann man das nämlich nicht machen.

HOHNEN Wie hast du die Reaktion aus dem Publikum nach diesen beiden Aufstellungen erlebt?

HELLINGER Betroffen. Sehr betroffen. Es ist von mir bewusst offengelassen worden, was da weitergehen kann. Das überlasse ich jetzt dem, was in ihren Seelen vor sich geht. Wichtig war, dass sich die Lebenden nicht in die Angelegenheit der Toten einmischen dürfen.

HOHNEN Wichtig war für mich der Satz von dir, dass die Ereignisse erst zu einer endgültigen Ruhe kommen könnten, wenn auch die Täter gestorben sind.

HELLINGER Ja. Deswegen braucht es noch eine gewisse Zeit. Aber von den Lebenden zu erwarten, dass sie sich jetzt zu den Toten legen – das ist zu früh.

SCHNEIDER Wieviel Wissen braucht man, um vergessen zu können? Wenn zum Beispiel jemand verschwunden ist, und man erfährt später, wohin er gebracht worden ist, und was ihm passiert ist, hilft das, um vergessen zu können?

HELLINGER Das hilft überhaupt nicht, denn jeder weiß, dass die Verschwundenen tot sind. Wenn man jetzt sucht, dann will man nicht anerkennen, dass sie tot sind, und das verhindert die Trauer.

ULSAMER Bert, du hast ja eben die Täter und Opfer so in etwa gleichgesetzt. Ich versuche das jetzt gerade zu verstehen. Ist das so wie im Krieg? Da erlebe ich das ja auch so. Da gibt es Soldaten auf beiden Seiten und da gibt es eigentlich keine Schuld. Auf der anderen Seite gibt es aber doch die Kraft des Faktischen. Selbst wenn zwei zu Mördern werden könnten, aber der eine mordet wirklich, hat er die Schuld. Wie siehst du das hier in dieser Situation in Chile?

HELLINGER Es kommt auf die Bereitschaft an. Also die Opfer waren bereit zu einem Umsturz, und hätten den auch grausam durchgeführt, da gibt es keinen Zweifel. Und die anderen waren bereit zu einem Umsturz – und haben ihn grausam durchgeführt. Das Faktische macht einen Unterschied – aber in der Seele ist hier zwischen den Opfern und den Tätern kein Unterschied.

ULSAMER Ich habe da eine persönliche Erfahrung. Ich war bei einer Aufstellung in einem Gefängnis in London das Opfer eines Mörders. Da habe ich auch als Opfer meine Gewaltbereitschaft gemerkt. Ich bekam so ein Gefühl, ich hätte den anderen genauso umbringen können. Es war Zufall, dass nicht ich zum Mörder wurde. Und trotzdem war so ein gewaltiger Unterschied in der Haltung von uns beiden, oder in dem was wir spüren und erleben mussten.

HELLINGER Du darfst das nicht vergleichen. Hier geht es um gesellschaftliche Bewegungen, um politische Bewegungen, mit einem hohen Ziel. Und um dieses Zieles willen sind alle Beteiligten bereit, Gewalt anzuwenden. Es geht also nicht um einen persönlichen Mord. Die Grundhaltung der gesellschaftlichen Gruppen ist bei beiden die gleiche – sie fühlen sich besser. Obwohl sie unterschiedliche Ziele verfolgen, sind sie bereit, weil sie sich besser fühlen, diejenigen, die sie für schlechter halten, umzubringen. Das ist das eigentliche Übel daran. Und deswegen spreche ich von mir aus die Opfer nicht frei. Vergleichbares geschah in Deutschland.

HOHNEN Ein Gedanke war ja, dass solche Arbeit, wie du sie jetzt dort geleistet hast, auch im Dienste der chilenischen Gesellschaft insgesamt stehen könnte, und dass so etwas im Grunde nur von außen hinein getragen werden kann.

HELLINGER Dem von außen Hineintragen – dem stimme ich nicht zu. Das ist nicht das Entscheidende. Auch wenn es hier leichter war, dass es einer von außen gemacht hat. Es ist klar, wenn diese eindrückliche Aufstellung jetzt als Video veröffentlicht wird und dann auch in bestimmten Kreisen gezeigt wird, hat es eine gewisse Wirkung. Inwieweit das dann weitere Kreise zieht, das bleibt völlig offen. Es spielt auch gar keine Rolle. Für diejenigen, die die Aufstellung gesehen haben, hat das in der Seele eine befriedende und eine heilende Wirkung. Vielleicht fließt es dann in einen größeren Dialog mit ein, aber das ist nicht mein Ziel. Ich habe das so gemacht und bezüglich dem, was dann später dabei heraus kommt, ist es für mich wie sonst auch – ich frage nicht danach, wie es weiter geht.

HOHNEN Eine andere Aufstellung, die ja auch sehr beeindruckend war, ging um das Thema Heldenverehrung. Da möchte ich dir auch noch mal Raum geben, darüber etwas zu sagen.

HELLINGER In einer Familie gab es einen Piraten, einen Großvater, und es war ganz klar, dass er als Held gesehen wurde. Für mich war er von vornherein nur ein Verbrecher, nichts anderes. Als die Familie aufgestellt wurde, fühlte sich einer der Söhne der Frau, die das aufgestellt hat, sehr aggressiv. Sie hatte auch in der Realität Angst, dass er aggressiv wird. Ich habe also dann den Piraten aufgestellt, und er hat mächtigen Eindruck gemacht – bis ich um ihn herum sieben seiner Opfer gestellt habe, die ihn im Kreis umringt haben. Erst hat er noch groß und stolz geschaut – und dann ist er zusammengebrochen und hat sich hingekniet. Da war klar, jetzt wurde er von seinem Heldenthron gestürzt. Jetzt konnte er die Opfer mit ihrem Schmerz sehen und mit ihnen weinen, und wurde von ihnen in ihre Reihe aufgenommen, als einer der ihren. Das hatte auf die Familie eine sehr entlastende Wirkung, besonders auf diesen Jungen, der sich so aggressiv gefühlt hat.

HOHNEN Was mir bei den Aufstellungen insgesamt aufgefallen ist, ist dass ein starkes Bedürfnis der Stellvertreter da war, zum Beispiel auch nach der Aufstellung, miteinander wieder in Ausgleich zu kommen und sich ähnlich wie in Brasilien zu umarmen, so dass viele Aufstellungen, in denen Du den Stellvertretern zum Schluss freien Lauf gelassen hast, in wunderbare Begegnungen zwischen allen Familienmitgliedern mündeten.

HELLINGER Das war hier noch schöner als in Brasilien, muss ich sagen. Das war für mich eindrucksvoll. Und ich glaube, ich habe daraus eine Lehre gezogen, dass man auch bei uns bei Aufstellungen dem eher noch mehr Raum geben sollte, dass die Stellvertreter noch so miteinander in Kontakt kommen können, als seien sie die richtigen Familienmitglieder.

ULSAMER Über die Arbeit in Argentinien hast du gesagt, das war der schwerste Kurs. In welcher Hinsicht?

HELLINGER Schwer zu definieren. Das war einmal die Atmosphäre. Sie hatte etwas Lastendes. Es zeigte sich sehr viel Gewalt in den Familien. Vor allen Dingen scheint es mir, dass auch viele Menschen hier von ihren Wurzeln abgeschnitten sind, dass sie zum Beispiel aus Italien hier her kamen und nicht wissen, was da eigentlich passiert ist. Eine Frau, deren Familie ich da aufgestellt hatte, hat mir später gesagt, sie habe herausgefunden, dass da irgendeiner ermordet wurde. Also da ist sehr viel Belastendes gewesen. Insofern war es ein schwieriger Kurs, aber auch einer, der sehr viele neue Einsichten gebracht hat.

Da war einmal besonders eindrücklich die Aufstellung mit den Verschwundenen und ihren Müttern. Es zeigte sich, wie wichtig es ist, dass der Abschied zwischen den Müttern und ihren Toten ermöglicht wird, und wie sehr die Toten den Abschied und die Würdigung auch brauchen, damit sie ihren Frieden haben. Es zeigte sich auch, dass diese ganzen Aktionen der Mütter, um noch nachträglich Gerechtigkeit zu erwirken, für die Toten belastend sind und eigentlich nichts Gutes bringen.*

---

*Diese Aufstellung ist dokumentiert in dem Video „Die Mütter und ihre verschwundnen Kinder" deutsch/spanisch. Erhältlich bei MOVEMENTS OF THE SOUL VIDEO PRODUCTIONS, c/o Harald Hohnen, Uhlandstr. 161, 10719 Berlin.

ULSAMER Es ist ja ein großer Unterschied, ob jemand als Mutter oder Verwandter weiß, dass sein Angehöriger ermordet worden ist, oder ob er es eben nicht weiß, weil keine Klarheit über das Verschwinden da ist. Das ist ja vielleicht die große Schwierigkeit für das Trauern.

HELLINGER Hier unter diesen Umständen weiß jeder, dass die Verschwundenen alle ermordet worden sind. Es ist etwas anderes, wenn Soldaten vom Krieg nicht heimkehren, und man nicht weiß, ob sie in Gefangenschaft sind oder sonstwo noch. Aber hier ist es ganz eindeutig. Man müsste das zugeben und nicht von Verschwundenen reden, sondern von Ermordeten.

SCHNEIDER So dass man die Hoffnung aufgibt und damit die Trauer zulassen und Abschied nehmen kann?

HELLINGER Hoffnung haben sie sowieso keine, sie tun nur so als ob.

ULSAMER : Da hat ein Stellvertreter gesagt, für ihn war es schlimm, dass er seinen Namen hat stehen sehen auf diesem Platz. Ist das ein Teil davon?

HELLINGER Ja, das ist ein Teil davon.

SCHNEIDER Was für mich so überraschend war – ich war ja in der Rolle eines Emordeten –, dass das Politische für mich überhaupt keine Rolle spielte, sondern dass ich das alles nur familiär erlebt habe. Ich weiß nicht, wie es gewesen wäre, wenn auch ein Täter aufgestellt worden wäre, aber mein Gefühl ist eher, das hätte nichts verändert. Wie siehst du das?

HELLINGER Das hätte nichts geändert, weil es hier hauptsächlich um den Abschied aus der Familie ging. Zwischen Tätern und Opfern ist noch mal eine andere Dynamik. Wobei man mit bedenken muss, dass viele dieser Ermordeten ja selber auch Täter waren, oder auch die Bereitschaft hatten zu morden.

ULSAMER Bisher habe ich das so erlebt, dass die Fakten eigentlich das sind, was zählt. Auch wenn ich Mordlust habe und jemanden umbringen würde, aber es nicht tue, bin ich eigentlich auf einer bestimmten Ebene unschuldig. Hier redest du so, als ob schon die Absicht zählen würde.

HELLINGER Ja, die Bereitschaft zählt, das ist ganz klar. Viele Widerstandskämpfer in Deutschland hatten die gleiche Mord-Bereitschaft wie die Nazis auch, nur für einen anderen Inhalt. Aber an der inneren Haltung hat das nichts geändert.

ULSAMER Ich frage noch mal: Auch wenn ich mordbereit bin, aber keinen Mord begehe, das zählt? Und der andere hat auch die Mordbereitschaft und bringt mich um, das zählt nicht mehr?

HELLINGER Nein, sie sind für mich auf gleicher Ebene. Es ist was anderes, wenn einer, sagen wir, einen Impuls hat, einen umzubringen, und er tut das dann nicht. Das zählt nicht.

ULSAMER Also sind die Mörder hier in Argentinien sozusagen für dich wie in Notwehr?

HELLINGER Nein, nein, es sind Mörder. Auf der politischen Ebene zählt die Bereitschaft zum Mord.

ULSAMER Ich habe bisher zwei Ebenen in Aufstellungen erlebt. Da ist einmal diese familiäre Ebene. Wenn da ein Unschuldiger umgebracht wird, muss der Mörder die Familie verlassen. Dann kenne ich die Ebene vom Krieg, dass sich Soldaten gegenseitig morden oder umbringen können, ohne dass es auf ihre Seele einen Einfluss hat.

HELLINGER Einfluss hat es immer, so ist es nicht. So etwas geht nicht spurlos vorüber. Das Töten ist eine schwere Belastung für die Soldaten. Ich habe ein ganz einfaches Beispiel. Kürzlich sagte jemand in einem Gespräch über einen berühmten christlichen Schriftsteller, er sei im Krieg Jagdflieger gewesen und sei, ich glaube, viermal, abgeschossen und jedes Mal gerettet worden. Das sind ganz tiefe Erlebnisse, und die tragen auch dazu bei, dass er Bücher schreibt. Ich habe gesagt: „Eines hat er nicht gemacht: Er hat nicht auf die geschaut, die er abgeschossen hat". Es ist eine ganz wichtige Dimension, dass man denen, die man umgebracht hat, in die Augen schaut. Und diese Dimension fehlt dort. Sie erst bringt die letzte Tiefe zum Klingen. Das gilt natürlich für alle Soldaten.

ULSAMER Aber ich habe Aufstellungen gehabt, da war so etwas wie eine Kameradschaft zwischen den Soldaten – auch im Kampf.

HELLINGER Ja genau, aber die schauen sich dann an und sind dann sozusagen verbunden und bleiben zusammen, ohne Hass. Sie tragen dann ein gemeinsames Schicksal. Da sind ja zwei Gruppen in den Dienst genommen und in eine Bewegung hinein gezwungen, aus der sie nicht aussteigen können. Der eine steht auf der Seite seines Volkes, der andere auf der Seite des anderen Volkes. Jetzt muss man das ähnlich sehen, wenn es in diesen innenpolitischen Konflikten Täter und Opfer gibt. Anders als im Holocaust, wo Menschen einfach ermordet wurden, die keinen Kampf geführt haben, handelt es sich hier um eine Partei, die auch zum Putsch bereit ist, oder zur gewaltsamen Übernahme, oder zur gewalttätigen Durchsetzung ihrer Ziele. Sie sind also auch Mitglieder von Bewegungen und von Gruppen. Deswegen würde ich diesen Kampf ähnlich sehen, wie den von Soldaten, also nicht einfach so, dass die einen nur die Mörder sind und die anderen nur die Opfer. Sondern es sind beides Täter im Dienste ihrer Gruppe – und das macht den großen Unterschied. Dass in diesem Kampf natürlich auch viele schlicht Ermordete darunter sind, das muss man auch anerkennen.

ULSAMER Da gibt es so eine Grauzone. Es gibt eben auch viel Terror, der auf Unschuldige oder auf Journalisten ausgeübt worden ist, die nicht zu den Kampfbereiten gezählt haben. Mir hat eine Frau erzählt, dass sie einen Mann betreut, dessen gesamte Familie, Vater, Mutter, die älteren Brüder und die Schwestern ermordet worden sind. Das können nicht immer alles Kämpfer gewesen sein.

HELLINGER Nein, nein, man darf jetzt nicht alle als Kämpfer sehen. Es gab auch Opfer und Ermordete.

Die rechte Art des Gedenkens

HOHNEN Bert, ich will noch mal eine Sache verstehen, welche die „Mütter" betrifft. Ich habe so ein bisschen den Eindruck gehabt, als würdest du es als schlimm ansehen, was die da mit der Art ihres Gedenkens machen. Aber auf der Ebene des Gruppengewissens leisten sie doch einen wichtigen Beitrag, indem sie die Verschwundenen, die aus der Seele des Volkes, sage ich jetzt mal, ausgeschlossen worden sind, wieder ins Bewusstsein bringen. Muss das nicht auch gewürdigt werden? Ich kann das alles gut nachvollziehen, dass die schlimmen Ereignisse irgendwann vorbei sein soll. Aber da ist noch so ein Punkt, den will ich noch mal verstehen. Wie ist es mit dem Gruppengewissen des Volkes? Sind die Mütter nicht auch in den Dienst genommen, darauf aufmerksam machen zu müssen, hier gibt es welche, die sind mit ihrem Schicksal ausgeschlossen?

HELLINGER Die „Mütter" gehören zu einer Gegenbewegung, und es ist eine kämpferische Gegenbewegung. Sie bilden wieder so etwas wie eine neue Partei, die wieder etwas in Angriff nimmt – so muss man das sehen. Alle diese Bewegungen haben im Gesamten eine Bedeutung. Sie bringen etwas voran, ohne dass wir genau wissen, was. Aber für die Toten hat das keine gute Wirkung.

HOHNEN Aber hat es für die Toten nicht erst mal eine gute Wirkung, dass sie wieder ins Bewusstsein gebracht werden, um dann sozusagen ganz ins Totenreich entlassen werden zu können?

HELLINGER Nicht in der rächenden Weise, das ist das Wesentliche.

SCHNEIDER Für mich war als Verschwundener in der Aufstellung ganz klar, dass ich erstens keine Verbindung zu den anderen Opfern gespürt habe, und dass für mich der Gedanke ein Greuel war, öffentlich auf dem Platz betrauert zu werden. Meine Sehnsucht war ein privates Grab, das nur mich und meine Familie zum Abschied und zum Gedenken zusammenführt. Der öffentliche Dienst an mir war mir eine Last.

HOHNEN Mir geht es nicht um die Versteinerung des Rituals, die auf das Pflaster gemalten Namen von Verschwundenen, so wie wir es auf der Plaza de Mayo gesehen haben. Mir geht es eher um den Beginn des Geschehens, dass sich ein paar Mütter vor vielen Jahren auf dem Platz zusammen eingefunden haben, dort im Kreis gelaufen sind und stumm auf ihre verschwundenen Kinder aufmerksam gemacht haben. Und da frage ich noch einmal: Sind die Mütter dann nicht auch irgendwie in den Dienst genommen, so wie auch in einer Familie manchmal jemand krank wird, damit in der Familienseele ein Ausgeschlossener wieder einen Platz bekommt?

HELLINGER Ich kann die Mütter achten, mit dem, was sie tun. Vor allem bei denen, die mit ihrer stummen Aktion begonnen haben, war ein tiefes Bedürfnis da, und es hatte eine große Wirkng. Die Frage ist, hat das jetzt seine Grenze erreicht? Bringt es jetzt noch etwas Gutes oder bringt es jetzt etwas Schlechtes?

ULSAMER Du hast gesagt, dass es in solchen Ländern wie hier ähnlich wie bei den Indianern in den USA oft nötig ist, mehrere hundert Jahre zurückzugehen, um etwas zu heilen. Wie sieht das in der Praxis einer Aufstellung aus?

HELLINGER Ich habe da nur Bilder, weil ich in diesem Sinne nicht in Aufstellungen gearbeitet habe. Ich habe das auch mit Hunter Beaumont besprochen. Das Bild kam mir bei den Indianern, mit denen wir in Seattle und San Francisco gearbeitet haben: wenn man jetzt bei denen in ihrem Milieu arbeiten wollte, dann müsste man jetzt die

Familie aufstellen, und dann Vertreter für die Ermordeten, und dann zum Schluss Vertreter von dem ursprünglichen Stamm. Dann wird vielleicht eine Verbindung zu dem ursprünglichen Stamm hergestellt, so dass die schlimme Zwischenzeit überwunden werden kann. Wie das im Einzelnen dann aussieht, wage ich jetzt nicht zu sagen, das müsste ich praktisch erleben.

ULSAMER So etwas wäre auch denkbar für Auswanderer?

HELLINGER Im geringeren Maße. Wobei diese Mobilität in den USA sicherlich damit zu tun hat, dass die Menschen häufig keine Wurzeln haben. Sie würden eher zur Ruhe kommen, wenn sie das Heimatland oder Ursprungsland in ihre Seele mit hinein nähmen.

ULSAMER Da war noch eine andere Aufstellung, in der von dir einige Dinge noch mal klar formuliert wurden. Da hatten Eltern ein schwer behindertes Kind sterben lassen.

HELLINGER Nicht sterben lassen, sie haben es umgebracht. Das ist ein großer Unterschied.

ULSAMER In der Aufstellung standen da zuerst noch viele andere Kinder. Und dann hast du das tote Kind hingelegt und die Eltern daneben gelegt.

HELLINGER Von anderen Aufstellungen her, wie ich sie erlebt habe, ist klar, dass dort, wo so etwas passiert ist, die Eltern eigentlich nicht mehr leben können. Innerlich wissen sie sich des Todes schuldig. Und sie wollen auch sterben. In diesem Sinne habe ich sie neben das tote Kind gelegt. Dann hatte ich den Impuls, das ermordete Kind eine Zeit lang zu seinen Geschwistern zu stellen. Ich habe dem aber nicht nachgegeben, weil ich aus anderen Aufstellungen wusste, das geht nicht. Man muss die Mutter neben das tote Kind legen. Das Kind gehört eigentlich zu seinen Eltern. Aber dann wurde von der Gruppe der Geschwister richtig gestellt, es gehöre auch zu seinen Geschwistern. Es war dann eine wichtige Bereicherung in der Aufstellung, dass man sehen konnte, das Kind muss erst zu seinen Geschwistern, wird dort aufgenommen, und dann wird es in den Tod entlassen, und die Eltern legen sich zu diesem Kind.

ULSAMER Da war ja auch die gute Frage aus dem Publikum, ob sich die Eltern jetzt umbringen sollen. Wie siehst du das?

HELLINGER Das geht natürlich nicht. Es kommt nicht darauf an, dass sie jetzt sterben oder sich umbringen, sondern dass sie wissen: eigentlich ist das Leben jetzt für sie vorbei. Und dann bekommt ihr Leben eine andere Gestalt, vielleicht sogar eine große Gestalt. Es kann sein, dass aus der Schuld etwas Großes erwächst. Und auch das Kind kommt erst zum Frieden, wenn die Eltern sagen, ja wir kommen zu dir.

SCHNEIDER Mein Gefühl in der Rolle des Vaters war, dass ich eigentlich nicht mehr bei meiner Frau, obwohl ich sie so liebe, bleiben kann. Das war mein Gefühl. Ich habe das Schlimme aus Liebe getan, wir haben es auch zu zweit getan. Aber das Gemäße wäre für mich, mich von meiner Frau zu trennen. Dieser Gedanke war für mich ein zusätzlicher großer Schmerz.

Von den Ordnungen der Liebe

Die Wirkung des Gewissens

Wenn ich etwas über Ordnungen der Liebe sage, muss ich mit dem Gewissen beginnen. Wir haben im Abendland die weit verbreitete Meinung, als sei das Gewissen etwas Göttliches, die Stimme Gottes in der Seele. Wer daher seinem Gewissen folgt, tue das Richtige. Doch jeder Mensch folgt seinem Gewissen, die Guten und die Bösen. Alle folgen ihrem Gewissen. Das ist merkwürdig.

Wenn man genau beobachtet was passiert, wenn jemand ein gutes Gewissen hat oder ein schlechtes, sieht man, dass er sich nach etwas richtet, das in seiner Familie gilt. Er hat ein gutes Gewissen wenn er sich sicher sein kann, dass er zu seiner Familie gehören darf, und wenn er etwas tut, was die Zugehörigkeit zu seiner Familie gefährdet, hat er ein schlechtes Gewissen.

Nun sind die Familien aber verschieden und die Werte, die in den verschiedenen Familien gelten, sind unterschiedlich. In manchen Familien haben Kinder ein gutes Gewissen, wenn sie stehlen, weil das in ihrer Familie dazu gehört. In manchen Familien hat man ein gutes Gewissen, wenn man andere Menschen verachtet, weil das dazu gehört. In manchen Familien haben Kinder ein gutes Gewissen, wenn sie Frauen verachten, oder Männer verachten, weil das in ihrer Familie so gilt. Wenn jetzt jemand, in dessen Familie Frauen verachtet werden, eine andere Frau achtet, hat er ein schlechtes Gewissen. Das ist merkwürdig. Es ist also auf das Gewissen kein Verlass.

Wenn man mit Kindern zu tun hat, zum Beispiel in der Schule, sieht man, dass jedes Kind, wie immer es sich verhält, gewissenhaft ist. Es hat aber nicht das gleiche Gewissen wie der Lehrer oder die Lehrerin. Deswegen meint die Lehrerin vielleicht, das Kind sei gewissenlos. Es hat nur ein anderes Gewissen.

Wenn man das weiß, dann schaut man nicht mehr auf das einzelne Kind – man schaut auf die Familie. Man kann zum Beispiel achten, dass ein Kind sich nach seinem Gewissen gut verhält, auch wenn es gegen die Regeln der Schule verstößt, dass es gar nicht anders handeln kann.

Das ganze wird noch etwas komplizierter, wenn wir bedenken, dass wir je nach den Personen, zu denen wir gehören oder gehören wollen, verschiedene Gewissen haben. Das Kind hat ein anderes Gewissen gegenüber dem Vater als gegenüber der Mutter. Es hat ein anderes Gewissen in der Schule als zu Hause. Erwachsene haben ein anderes Gewissen im Beruf und ein anderes Gewissen zu Hause, ein anderes am Stammtisch oder im Fußballstadion, als in der Kirche. In jeder Gruppe gelten andere Regeln damit man dazu gehören darf. Deswegen wechseln wir unser Gewissen, je nach der Umgebung, in der wir uns befinden. Also, das Wesentliche beim Gewissen, das wir fühlen, ist, es geht immer um die Zugehörigkeit.

Das Gewissen ist instinktiv, keine höhere geistige Macht. Man kann es vergleichen mit dem Gleichgewichtssinn. Niemand kommt auf den Gedanken der Gleichgewichtssinn sei eine höhere Macht. Er ist instinktiv. Sobald wir aus dem Gleichgewicht geraten, fühlen wir uns so unwohl, dass wir sofort das Gleichgewicht wieder herstellen. Ähnlich ist es mit dem Gewissen mit Bezug auf die Zugehörigkeit. Ein Kind spürt instinktiv, ob es etwas gemacht hat, dass die Zugehörigkeit gefährdet. Das kann man sogar bei einem Hund beobachten. Er hat auch oft ein schlechtes Gewissen. Er merkt genau, wenn er etwas gemacht hat, was die Zugehörigkeit gefährdet. Genauso ist es beim Menschen.

Wie kann man jetzt einem Kind helfen? Damit es sich zum Beispiel in der Schule anders verhält, muss man einen Weg finden, um die Zustimmung der Eltern zu gewinnen. Wenn die Eltern zustimmen, kann das Kind seine Verhaltensweisen ändern und kommt dann in der Schule besser zurecht, als vorher.

Das Kind zeigt also, wie immer es sich verhält, dass es dazu gehören will. Im Grunde zeigt es durch sein Gewissen, dass es liebt. Wenn man mit einem Kind umgeht, muss man schauen wo es liebt. Dann kann man einen Weg finden, dem Kind zu helfen. Das ist eine Seite des Gewissens und auch eine Seite der Ordnungen der Liebe.

Das Familienstellen

Nun kann man aber in Familien sehen, dass noch andere Ordnungen der Liebe gelten. Eine Methode, um das herauszufinden, ist das Familien-Stellen. Ich erkläre kurz, was beim Familien-Stellen geschieht.

Also, in einer Gruppe von 10 oder 20 Leuten ist zum Beispiel eine Person selbstmordgefährdet. Mit Bezug auf das, was ich vorher über das Gewissen gesagt habe, würde ich annehmen, dass diese Person sich umbringen will – aus Liebe. Sie würde sich gewissenhaft umbringen. Aber warum?

Ich lasse daher diese Person ihre Familie aufstellen. Das heißt, diese Person wählt aus den anderen Teilnehmern der Gruppe Stellvertreter für jedes Familienmitglied aus – einschließlich ihrer selbst, zum Beispiel einen Stellvertreter für den Vater, eine Stellvertreterin für die Mutter, und wenn es drei Kinder gibt, für jedes Kind einen Stellvertreter. Sobald die Stellvertreter ausgewählt sind, stellt sie diese Personen räumlich in Beziehung zueinander und folgt dabei dem inneren Gefühl.

Wenn das aufgestellt ist – und das ist jetzt das ganz besondere dabei –, fühlen die Stellvertreter wie die wirklichen Personen, die sie darstellen, ohne dass sie etwas von ihnen wissen. Wie das zustande kommt, weiß ich nicht. Es zeigt aber, dass wir eingebunden sind in ein wissendes Feld, indem wir ganz intuitiv wissen, was in den Einzelnen, die man darstellt oder mit denen man jetzt durch die Konstellation in Verbindung kommt, vorgeht.

Zum Beispiel hatte eine selbstmordgefährdete Person das so aufgestellt, dass die Mutter sich nach draußen wandte. Da stand also der Vater mit den Kindern, und die Mutter wendet sich ab und schaut nach draußen. Damit wird sofort deutlich, dass die Mutter gehen will. Dann frage ich den Klienten: Was war in der Familie der Mutter? Dann sagt er vielleicht: Ihre Mutter starb bei ihrer Geburt. Und jetzt stellen wir die Mutter der Mutter dazu. Ich stelle sie auch abgewendet auf und stelle die Mutter hinter ihre Mutter – und auf einmal fühlt sich die Mutter gut, besser als vorher. Aber was zeigt das?

Es zeigt, dass die Mutter ihrer Mutter nachfolgen will in den Tod – aus Liebe. Sie hat die Vorstellung, dass sie durch den eigenen Tod mit ihrer toten Mutter verbunden werden kann und dass es sowohl ihr wie der Mutter besser geht, wenn auch sie stirbt. Jetzt stelle ich die selbstmordgefährdete Person anstelle der Mutter hinter die Mutter der Mutter, bringe die Mutter zurück und stelle sie neben den Vater.

Oft ist es so, dass die Mutter sich jetzt gut fühlt, und die Person, die jetzt hinter der Mutter der Mutter steht, fühlt sich auch gut. Sie sagt in ihrem Herzen: „Liebe Mutter, ich sterbe an deiner Stelle; ich sterbe damit du bleibst." Das ist merkwürdig. Aber so läuft es in der Seele ab. Die Mutter, wenn sie ihrer Mutter nachfolgt, hat ein gutes Gewissen, und die Tochter oder der Sohn der Mutter, wenn sie an Stelle ihrer Mutter deren Mutter nachfolgen, haben auch ein gutes Gewissen, wenn sie sterben. Also das gute Gewissen führt hier zum Unglück in dieser Familie. Deswegen kann man sich auf dieses Gewissen nicht verlassen.

Was wäre in so einer Situation die Lösung? Ich lasse die Mutter der Mutter sich umdrehen, so dass die Mutter ihrer Mutter in die Augen schauen kann. Und dann lasse ich zum Ausdruck bringen, was sie in ihrer Kinderseele ihrer eigenen Mutter sagt. Sie sagt ihr: „Ich folge dir nach in den Tod; wenn du tot bist, will ich nicht mehr leben; ich möchte mit dir im Tod vereint sein." Das ist das, was die Seele sagt.

Wenn sie aber dabei der Mutter in die Augen schaut und versucht, es der Mutter in die Augen zu sagen, kann sie es nicht mehr sagen. Sie sieht plötzlich, dass das für die Mutter schlimm ist. Die Mutter würde sagen: „Wenn dein Leben schon so einen hohen Preis von mir gefordert hat, dass ich sterben musste, dann soll es nicht umsonst gewesen sein. Ehre mich indem du lebst."

Dieses Gewissen und diese Liebe des Kindes sind blind. Das Kind sieht nicht die Person gegenüber. Also wenn das Kind seiner Mutter sagt „Ich folge dir nach in den Tod", schaut es nur auf sich selbst. Es sieht nicht, dass auch die Mutter liebt. Wenn es die Liebe der Mutter sieht, könnte es jetzt der Mutter sagen: „Bitte segne mich, wenn ich am Leben bleibe. Wenn mein Leben schon einen so hohen Preis gefordert hat, dann mache ich etwas daraus, dir zum Andenken und dir zu Ehren." Diese Liebe ist größer als die andere. Sie ist nicht mehr blind, sondern wissend. Jetzt kann also das Kind, das mit gutem Gewissen sterben wollte, mit gutem Gewissen leben. Weil das Gewissen einsichtig wurde.

Wenn man in der Schule mit Kindern zu tun hat, die verhaltensgestört sind, dann liegt häufig etwas vor, was eine Generation zurückliegt. Das Kind ist verstrickt in etwas aus einer früheren Generation. Ich bringe ein Beispiel: Eine Familie kam mit einem kleinen 4-jährigen Jungen, der schwer verhaltensgestört war. Dann habe ich diese Familie aufgestellt. Ich habe die Mutter gefragt, was in ihrer Herkunftsfamilie passiert ist. Sie sagte: Mein Vater war im Krieg, bekam einen Kopfschuss und hatte danach einen Rappel. Dann habe ich den kleinen Jungen angeschaut und die Mutter angeschaut und gesagt:

Der kleine Junge sagt in seinem Herzen: „Ich liebe deinen Vater, ich bin wie er." Der Junge wurde ganz ruhig, hat mich mit ganz großen Augen angeschaut und fühlte sich verstanden. Er hatte einen Rappel, weil er geliebt hat. Denn der Vater der Mutter war jemand, den man in der Familie nicht mehr leiden konnte – weil er gestört hat.*

Das Gewissen und die Liebe

Man schaut, wo wirkt die Liebe in der Familie und wo ist sie blind? Und was führt zur tieferen Einsicht, damit so ein Kind erlöst werden kann? In diesem Fall wäre es richtig gewesen, wenn in so einer Aufstellung sich die Mutter vor ihren Vater gekniet hätte, sich tief vor ihm verneigt, und ihm sagt: „Ich gebe dir die Ehre. Du bist mein Vater, was immer dein Schicksal ist. Aber sie konnte das nicht. Denn wer konnte den Vater nicht mehr aushalten? Nicht das Kind, es war ihre Mutter. Das Kind hat seinen Vater abgelehnt aus gutem Gewissen gegenüber ihrer Mutter, und mit schlechtem Gewissen gegenüber ihrem Vater. Aber wichtiger war ihm die Mutter, weil sie gesund war. Deswegen hatte ihr Gewissen gegenüber der Mutter Vorrang vor ihrem Gewissen gegenüber dem Vater. Deswegen hätte ihre Mutter zuerst ihrem Mann sagen müssen: „Ich halte zu dir, auch nachdem, was du erlitten hast." Welche Wirkung hätte das auf den Mann gehabt? Eine heilende, lindernde Wirkung. Dann wäre die Mutter von diesem verstörten Kind frei gewesen. Und ihr Kind auch.

Also, wenn in einer Generation gegen die Liebe verstoßen wird, in diesem besonderen Sinn, dann wirkt sich das über Generationen hinweg störend aus. Hier hilft es dann, wenn man zurück geht zu dieser Person, die verachtet oder ausgeklammert wurde, und sie wieder herein bringt. Dann können alle sich wieder miteinander auf eine heilsame Weise verbinden.

*Diese Aufstellung ist dokumentiert im Video „Kindliche Not – kindliche Liebe", erhältlich bei MOVEMENTS OF THE SOUL VIDEO PRODUCTIONS, c/o Harald Hohnen, Uhlandstr. 161, 10719 Berlin.

Es gibt die weit verbreitete Vorstellung in Familien: Wenn man ein Kind genügend liebt, dann entwickelt es sich richtig und gut. Was wir aber beobachten, ist, dass viele Eltern ihre Kinder heiß lieben – und sie entwickeln sich dennoch nicht so, wie sie sich das vorstellen. Warum? Das Kind vertritt jemanden, den die Eltern verachten oder ausklammern. Deswegen müssen die Eltern zuerst ihre eigenen Eltern achten, oder jene Personen in ihrer Herkunftsfamilie achten, die ausgeklammert wurden, und ihnen einen Platz geben in ihrem Herzen. Erst dann können sich ihre Kinder in der Sonne der Liebe ihrer Eltern entfalten.

Habe ich verdeutlicht, wie vielschichtig das mit den Ordnungen der Liebe ist? Und wie leichtfertig wir manchmal mit Menschen umgehen, die sich anders verhalten als wir? Es ist nämlich so: Jeder, der in seiner Familie aufwächst, meint, seine Familie sei die richtige und was in seiner Familie gilt, das gilt für die ganze Welt. In der anderen Familie meinen sie das auch. Also, wenn zum Beispiel ein Mann eine Frau heiratet, meint er, was in seiner Familie richtig war, das ist für die ganze Welt richtig, auch für seine Frau. Und die Frau meint, was in ihrer Familie richtig war, das gilt für die ganze Welt und auch für ihren Mann. Dann will der Mann sein gutes Gewissen gegen die Frau durchsetzen, und die Frau will ihr gutes Gewissen gegen den Mann durchsetzen. Das führt zu gewissen Schwierigkeiten.

Was wäre jetzt die Lösung? Jeder muss das Gewissen des anderen achten. Also, der Mann sagt seiner Frau: Meine Familie ist richtig, deine Familie ist auch richtig. Es sind beide richtig, obwohl sie verschieden sind. Genauso wie der Mann als Mann richtig ist, obwohl er keine Frau ist, und wie die Frau richtig ist, obwohl sie kein Mann ist. Sie sind ja sehr verschieden, wie ihr merkt – und zwar in jeder Hinsicht. In einer Paarbeziehung muss der Mann anerkennen, dass nicht nur er richtig ist, sondern auch die Frau, obwohl sie anders ist. Und die Frau muss anerkennen, dass nicht nur sie richtig ist, sondern auch der Mann, obwohl er anders ist.

Wir müssen also mit verschiedenen Richtigkeiten rechnen, die gleich richtig sind, obwohl verschieden. Da muss man sich also von einer früheren Überzeugung lösen. Auch von einem früheren Gewissen muss man sich lösen und über Einsicht auf einer höheren Ebene das Verschiedene verbinden zu einer Einheit.

Wenn also der Mann anerkennt, dass nicht nur seine Familie richtig ist, sondern auch die der Frau, und umgekehrt die Frau das anerkennt, dann suchen sie eine Lösung auf einer höheren Ebene, in der die Werte beider Familien anerkannt werden. Sie müssen aber beide auf eine gewisse Weise das Frühere verlassen. Deswegen fühlen sich beide, wenn sie das Bessere tun, schuldig. Deswegen gibt es auch keinen Fortschritt ohne schlechtes Gewissen. Also gutes Gewissen ist nicht ohne weiteres gut, und schlechtes Gewissen ist nicht ohne weiteres schlecht. Das wirklich Gute ist jenseits des Gewissens. Es umfasst die Gegensätze und kann sie anerkennen.

Die großen Kriege entstehen, weil sich die eine Gruppe im Recht fühlt, sich besser fühlt, und aus der Loyalität zur eigenen Gruppe sich das Recht herausnimmt, die Gruppe, die anders ist, zu vernichten. Deswegen werden viele Greueltaten in Kriegen mit gutem Gewissen vollbracht, aus Loyalität zur eigenen Gruppe.

In Familienaufstellungen kommt die andere Dimension oft eindrucksvoll ans Licht. Ich bringe ein Beispiel aus einem Kurs in Amerika. Da war ein Klient, der immer ganz fröhlich aussah. Für einen Therapeuten, der dafür einen Blick hat, ist das immer verdächtig, denn viele Selbstmordgefährdete sind merkwürdig glücklich, als seien sie bereits irgendwo anders.

Der Vater dieses Klienten kam schon als Kind auf eine Militärschule, wurde später Offizier in der amerikanischen Armee, hat im 2. Weltkrieg an der Eroberung der Insel Iroshima teilgenommen und hat zu jener Gruppe gehört, die die amerikanische Fahne auf dieser Insel gehisst haben, nach schweren Verlusten. Es gibt ein berühmtes Denkmal, auf dem das dargestellt wird. In der Aufstellung war der Vater ganz abwesend.

Dann habe ich fünf Stellvertreter für die gefallenen Kameraden des Vaters aufgestellt. Der Sohn dieses Mann wollte unbedingt zu den toten Soldaten. Es war unwiderstehlich für ihn. Doch wer wollte wirklich zu den toten Kameraden? Sein Vater. Aber der Sohn wollte das an seiner Stelle. Er war durch nichts aufzuhalten. Dann habe ich seinen Sohn vor ihn gestellt, also den Enkel von seinem Vater. Er hat diesem Sohn gesagt: Ich will zu den toten Soldaten und du bist mir egal. Er hat es so gesagt, er war nicht aufzuhalten.

Dann habe ich ihm gesagt: Schau deinem Sohn in die Augen und sage es ihm noch einmal: „Ich sterbe, ich gehe zu den toten Kameraden meines Vaters." In dem Augenblick konnte er es nicht mehr sagen. Erst dann war der Bann gebrochen.* Also, viele Soldaten, die aus dem Krieg zurückkehren, wollen zu ihren toten Kameraden.

Wir hatten eine bewegende Aufstellung in Barcelona, wo das ganz klar war. Aber sie wollen nicht nur zu ihren toten Kameraden, sie wollen auch zu den toten Feinden. Dann legt man die gefallenen Kameraden des Vaters auf den Boden, der Vater legt sich zu ihnen, und dann legt man die toten Feinde auch auf den Boden und wartet auf die tiefe Bewegung der Seele. Dann bewegen sie sich aufeinander zu und vermischen sich als Tote. Auf einmal sind es keine Feinde mehr, sie sind im Tod miteinander verbunden. Da geschieht unter den Toten, was eigentlich unter den Lebenden geschehen müsste, dass sie anerkennen wir sind nur Menschen. Und ihr seid richtig und wir sind richtig. Wir achten euch und bitte achtet uns. Und dann entsteht Frieden. Das geht ganz tief.

Ich habe vor einem Jahr in Bern eine Aufstellung gemacht von einem Mann, seiner Frau und seinem Kind. Und als das fertig war und wir eine Lösung für ihn gefunden hatten, sagte er, ich muss noch etwas wichtiges sagen: Ich bin ein Jude. Aber niemand aus meiner

---

*Diese Aufstellung ist dokumentiert in dem Video „Healing Love". Carl-Auer-Systeme Verlag, Heidelberg

Familie ist umgekommen im letzten Krieg. Die Familie hat in der Schweiz gewohnt. Aber unter Juden fühlen sich die Überlebenden tief verbunden mit den Toten des Holocaust. Oft wagen sie es nicht; am Leben zu bleiben – aus Solidarität mit den Toten. Es ist eine tiefe Liebe, die hier zum Ausdruck kommt. Aber wem hilft sie?

Ich habe dann sieben Stellvertreter von umgebrachten Juden diesem Mann gegenüber aufgestellt. Er hat sich vor jedem von ihnen verneigt und sie umarmt. Dann habe ich hinter die sieben Opfer sieben Täter gestellt, also die Mörder dieser Opfer, und die Opfer sich umdrehen lassen, den Tätern gegenüber. Dann habe ich nichts mehr gemacht. Ganz von alleine, ohne Einfluss von außen, hat sich etwas ergeben zwischen Tätern und Opfern. Unter den Tätern war eine unglaubliche Trauer und Scham und Schmerz, und unter den Opfern eine unglaubliche Liebe zu den Mördern. Sie gingen ganz langsam aufeinander zu. So etwas von Liebe zwischen den Ermordeten und ihren Mördern habe ich noch nie zwischen Mann und Frau gesehen. Es ist jenseits aller Beschreibung.

Von Schuld und Unschuld

Am Ende war es ganz klar: Die Toten wollen nicht, dass die Lebenden hier eingreifen, dass zum Beispiel die Nachkommen der Opfer ihre Eltern oder Großeltern rächen. Oder dass die Nachkommen der Täter für ihre Eltern oder Großeltern sühnen. Es stellt sich am Ende heraus, dass das, was wir verurteilen und unterscheiden in Gut und Böse, in diesem Bereich keine Geltung hat. Und Frieden entsteht erst, wenn sie beide zusammen gefunden haben. Wenn die Opfer den Tätern einen Platz geben an ihrer Seite. Und die Täter aufgenommen werden von den Opfern als ihresgleichen.* Das ist für viele sehr schwer. Ich bringe ein Beispiel:

---

*Diese Aufstellung ist dokumentiert in dem Video „Die Toten. Was Opfer und Täter versöhnt." Carl-Auer-Systeme Verlag, Heidelberg

Ich hatte eine Aufstellung mit einem jungen Mann in Holland. Er hat mich begleitet nach Amerika für einige Kurse und war dort auch mehrmals Stellvertreter in Aufstellungen. Eine Aufstellung war besonders bemerkenswert. Da wurde eine jüdische Familie aufgestellt – und er war der Sohn in dieser Familie. Da ist etwas passiert, was mir vorher noch nie aufgefallen ist. In dieser jüdischen Familie musste der Sohn die Täter vertreten. Das heißt, es gibt auch in den jüdischen Familien keinen Frieden, wenn nicht die Täter anerkannt sind. Ich kann mir vorstellen, dass das hier in Spanien auch für die Parteien des Bürgerkriegs gilt, dass die Vertreter der anderen Seite in der Familie aufgenommen werden müssen.

Vor einigen Monaten bekam ich von diesem Mann aus Holland einen Brief. Er schrieb mir, er wollte mir etwas ganz wichtiges berichten. Ich habe mich an nichts mehr erinnert, aber er hat mich in diesem Brief darauf aufmerksam gemacht. Also er schrieb mir, er habe ein ganz wichtiges Erlebnis gehabt, dass er mir mitteilen wollte. Während eines Kurses in Amerika habe er mich in einer Pause um einen Rat gefragt. Und ich habe ihm zwei Übungen vorgeschlagen. Die erste war, er soll sich vorstellen, dass er ins Reich der Toten geht, dort nach Mördern Ausschau hält, sich neben die Mörder legt und ihnen sagt: Ich gehöre zu euch. Und die zweite Übung war, er soll sich vorstellen, dass der Tod nicht vor ihm steht, sondern hinter ihm, und er soll jeden Tag vom Tod etwas erbitten. Dann habe ich ihm noch eine dritte Übung vorgeschlagen. Ich habe ihm gesagt er darf diese Übungen nicht machen, er darf überhaupt nichts machen. Er soll warten bis etwas in seiner Seele geschieht.

Also drei Monate nach diesem Kurs wurde er im Schlaf von einem Erlebnis überwältigt. Es war wie ein Traum – aber im Grunde viel mehr. Er sah sich als Mitglied einer Gruppe, die Menschen umgebracht hat, und er selbst hat auch Menschen umgebracht. Dann wurde er vor Gericht gestellt. Er hat keinen Verteidiger gesucht, sondern hat sich selbst verteidigt. Er sagte, ja es stimmt, ich habe Menschen umgebracht. Meine einzige Verteidigung ist, dass ich ein Mensch bin.

Und dass jeder Mensch zu allem fähig ist und dass es nur von den Umständen abhängt, ob er ein Ungeheuer wird oder ein anständiger Mensch. Er wurde zum Tode verurteilt. Bis zur Hinrichtung waren wohl noch mehrere Wochen Zeit. Und er hat sich von all seinen Lieben verabschiedet, hat Schmerz und Trauer gefühlt, und fühlte sich immer klarer und ruhiger. Dann kam der Tag der Hinrichtung und er wurde in den Vorraum geführt, von dem Raum, wo der elektrische Stuhl stand, und er musste mehrere Stunden warten. Und dann kam die Nachricht, dass die Hinrichtung aufgeschoben wäre. Und einige Stunden später wurde ihm gesagt, die Hinrichtung bzw. das Todesurteil sei umgewandelt in Verbannung.

Er bekam eine Fahrtkarte zu dem Ort, wo er zur Verbannung hingehen musste, und er konnte das Gefängnis verlassen. Er sagte, ich stand also vor dem Gefängnis und ich wusste, ich habe mein Sterben überlebt. Und ich war ein völlig veränderter Mensch. Für mich gab es keine Schuld mehr und keine Unschuld. Und dann ist er aufgewacht. Und er hat die Farben viel leuchtender gesehen, alle seine Bewegungen waren ganz langsam, mit voller Aufmerksamkeit. Und dieser Zustand hat über lange Zeit angehalten. Und damit sind wir wieder beim Thema: Das war auch eine Ordnung der Liebe. Aber in welcher Tiefe.

Nachwort

Tiefer Dank verbindet mich mit Bert Hellinger, für die vielfältigsten Erfahrungen, die ich in den letzten Jahren in den unterschiedlichsten Ländern der Erde mit ihm persönlich und mit seiner Arbeit machen durfte.
Denjenigen unter Ihnen, die Zeitschriften oder Bücher gern von hinten zu lesen beginnen, sei versichert, dass Sie die Artikel dieses Buches „guten Gewissens" auch von hinten lesen können. Es erschließt sich dann eine andere Reihenfolge, ein anderes Erforschen des Mitgeteilten. Vielleicht erweckt es auch die Verführung, einiges oder das Gesamte noch einmal zu lesen.

Vieles von dem was wir in den Familienaufstellungen sehen oder von Bert Hellinger in seinen Vorträgen hören, berührt zuerst die Seele. Verstehen wächst meist später. Oft weitet sich zunächst der Blick, unsere Gefühle werden ruhiger und umfassen Größeres – doch meldet der Verstand oft „Widerspruch" an.

In Erkundung dieses Abenteuers habe ich mich nun seit einigen Jahren begeben. Ich habe Abschied nehmen müssen von vielen Begrifflichkeiten und Werten, altgewohnten Verständnissen, die durch meine Geschichte und die meiner Familie geprägt waren. Und ich habe viel gewonnen – vor allem den tiefen Respekt und die Achtung für meine Eltern.

Vor allem auch meinen Urgroßvater, Otto Wels, der 1933 die SPD vergeblich gegen Adolf Hitler beim Ermächtigungsgesetz führte, lernte ich anders zu sehen. Das schließt seine Größe ein, seinen Mut, doch auch die Vergeblichkeit und den persönlichen Preis, den er und die

Familie zu bezahlen hatten. Und auch seinen Gegenspieler, Adolf Hitler, lerne ich mehr und mehr als Mensch zu sehen.

Besonders durch die Reisen mit Bert Hellinger an die unterschiedlichsten Orte der Welt merke ich, dass ich Deutscher bin und eine deutsche Geschichte habe – mit allen ihren Widersprüchlichkeiten. Und ich spüre, dass ich mich dem Ganzen zu stellen habe, in all seinen Gegensätzen und in allem, was verbindet und trennt.

Ich bin diesen Widersprüchen, die Bert Hellinger aufgezeigt hat dankbar, denn sie bringen mich näher an das Leben – und an den Tod. Das ist zunächst schmerzhaft, dann erweitert es und heilt.

Ein besonderer Dank für liebevolle Unterstützung geht an Michaela Kaden und ihre Familie.

Harald Hohnen, Berlin, Juli 2001

Veröffentlichungen von und mit Bert Hellinger (Auswahl)

Zweierlei Glück. *Die systemische Psychotherapie Bert Hellingers*
Herausgegeben von Gunthard Weber 1993
Überarb. 13. Auflage 2000. 338 Seiten.
ISBN 3-89670-005-7. Carl-Auer-Systeme Verlag

Ordnungen der Liebe. *Ein Kursbuch 1994*
6. überarb. und ergänzte Auflage 2000. 528 Seiten.
ISBN 3-89670-000-6, Carl-Auer-Systeme Verlag

Die Quelle braucht nicht nach dem Weg zu fragen.
Ein Nachlesebuch 2001
390 Seiten.
ISBN 3-89670-183-5, Carl-Auer-Systeme Verlag

Mitte und Maß. *Kurztherapien 1999*
2. Auflage 2000. 280 Seiten.
ISBN 3-89670-130-4. Carl-Auer-Systeme Verlag

Verdichtetes. *Sinnsprüche – Kleine Geschichten – Sätze der Kraft 1995*
5. Auflage 2000. 109 Seiten.
ISBN 3-89670-001-4. Carl-Auer-Systeme Verlag

Anerkennen, was ist. *Gespräche über Verstrickung und Lösung*
Zusammen mit Gabriele ten Hövel 1996
10. Auflage 2000. 198 Seiten.
ISBN 3-466-30400-8. Kösel Verlag

Die Mitte fühlt sich leicht an. Vorträge und Geschichten 1996
7. erweiterte Auflage 2000. 248 Seiten.
ISBN 3-466-30460-1. Kösel Verlag

Finden, was wirkt. Therapeutische Briefe 1993
Erweiterte Neuauflage. 10. Auflage 2000. 191 Seiten.
ISBN 3-466-30389-3. Kösel Verlag

Religion, Psychotherapie, Seelsorge. 2000
2. Auflage 2001. 232 Seiten.
ISBN 3-466-3526-8. Kösel Verlag

Entlassen werden wir vollendet. Späte Texte 2001
240 Seiten.
ISBN 3-466-30558-6. Kösel Verlag

Wie Liebe gelingt. Die Paartherapie Bert Hellingers
Herausgegeben von Johannes Neuhauser 1999
2. Auflage 2000. 360 Seiten.
ISBN 3-89670-105-3. Carl-Auer-Systeme Verlag

Wir gehen nach vorne. Ein Kurs für Paare in Krisen 2000
1. Auflage 2000. 305 Seiten.
ISBN 3-89670-103-7. Carl-Auer-Systeme Verlag

Wo Ohnmacht Frieden stiftet. Familien-Stellen mit Opfern von Trauma, Schicksal und Schuld 2000
270 Seiten.
ISBN 3-89670-111-8. Carl-Auer-Systeme Verlag

Wo Schicksal wirkt und Demut heilt. Ein Kurs für Kranke 1998
310 Seiten.
ISBN 3-89670-029-4. Carl-Auer-Systeme Verlag

Was in Familien krank macht und heilt. Ein Kurs für Betroffene 2000
2. Auflage 2000. 288 Seiten.
ISBN 3-89670-123-1. Carl-Auer-Systeme Verlag

Schicksalsbindungen bei Krebs.
Ein Kurs für Betroffene, ihre Angehörigen und Therapeuten 1997
2. Auflage 1998. 202 Seiten.
ISBN 3-89670-008-1. Carl-Auer-Systeme Verlag

Die größere Kraft. Bewegungen der Seele bei Krebs 2001
Herausgegeben von Michaela Kaden
193 Seiten.
ISBN 3-89670-181-9. Carl-Auer-Systeme Verlag

Der Abschied. Nachkommen von Tätern und Opfern
stellen ihre Familie 1998
2. erweiterte Auflage 2001. 380 Seiten.
ISBN 3-89670-092-8. Carl-Auer-Systeme Verlag

Liebe am Abgrund. Ein Kurs für Psychose-Patienten 2001
224 Seiten.
ISBN 3-89670-205-X. Carl-Auer-Systeme Verlag

Haltet mich, dass ich am Leben bleibe. Lösungen für Adoptierte 1998
2. Auflage 2001, 240 Seiten.
ISBN 3-89670-92-8. Car-Auer-Systeme Verlag

In der Seele an die Liebe rühren. Familien-Stellen mit Eltern
und Pflegeeltern von behinderten Kindern 1998
120 Seiten.
ISBN 3-89670-093-6. Carl-Auer-Systeme Verlag

Quellenverzeichnis

Die Gespräche aus den verschiedenen Kapiteln dieses Buches mit Bert Hellinger haben verschiedene Personen zu verschiedenen Zeiten an unterschiedlichen Orten geführt. Im Folgenden die genauen Angaben hierzu:

Das Unvollendete ist immer auch vollendet
Das Gespräch führten Harald Hohnen und Bertold Ulsamer 2000 in Ainring, Deutschland.

Von etwas Größerem getragen
Dieses Gespräch führte Berthold Ulsamer zusammen mit Stephan Hausner 2001 in Ainring, Deutschland.

Von den Bewegungen der Seele
Dieses Gespräch führte Norma Osnajasky 1999 in Buenos Aires.

Vom Hinschauen, Loslassen und Vergessen
Dieses Gespräch wurde anlässlich einer Kursreise durch Südamerika 1999 von Harald Hohnen, Jakob Schneider und Bertold Ulsamer geführt.

Von den Ordnungen der Liebe
Dieser Text stammt aus einem Vortrag, den Bert Hellinger im Jahre 2000 in Sevilla gehalten hat.

Weiterführende Hinweise

Viele Informationen über die Arbeit von Bert Hellinger im In- und Ausland, außerdem eine Liste sachkundiger AufstellerInnen finden Sie im Interent.
Homepage: www.hellinger.com

Informationen über Tagungen, Arbeitskreise, sachkundige Aufsteller-Innen erhalten Sie ebenfalls durch:
Intern. AG Systemische Lösungen nach Bert Hellinger e.V.
Germaniastr. 12
80802 München
Tel. 089-38 10 27 10
Das Sekretariat veschickt eine Adressliste kompetenter Aufsteller im deutschsprachigen Raum (bitte ausreichend Porto beilegen).
Außerdem gibt die AG zweimal pro Jahr die Zeitschrift „Praxis der Systemaufstellung" heraus.

Anschrift der Herausgeber:
Harald Hohnen – Bert Hellinger Institut Berlin
Uhlandstr. 161
10719 Berlin
Tel./Fax 030-8 83 71 80

Bertold Ulsamer – Bert Hellinger Institut Freiburg
Runzstr. 48
D-79102 Freiburg
Fax 0761-70 64 56
E-Mail: bertold.ulsamer@t-online.de
Homepage: www.ulsamer.com

Aus dem Schatz der jüdischen Überlieferung

Jakob J. Petuchowski
Das große Buch der rabbinischen Weisheit
*Geschichten der Meister
Herausgegeben von
Elizabeth Petuchowski
224 Seiten, gebunden
mit Schutzumschlag
ISBN 3-451-05036-6*

Jakob J. Petuchowski erschließt in diesem Buch den Reichtum der jüdischen Tradition aus einem der großen literarischen Werke der Menschheit: dem Talmud. Die Geschichten und Gespräche zeigen: Die Weisheit der rabbinischen Meister hat das alltägliche Leben ebenso im Blick wie die großen, letzten Fragen.

„Die Lektüre seines Buches ist wie ein Abenteuer, das man mit dem Autor erlebt." (Elie Wiesel)

HERDER spektrum

Ohnmacht in Freude verwandeln

Beth Weiner

Wo Leben ist, ist Hoffnung

Erst als ich das Leiden losließ, fand ich das Glück

208 Seiten, geb. mit Schutzumschlag

ISBN 3-451-27553-8

Eine bemerkenswerte Frau erzählt ihr Leben. Mit ihrer eigenen Stärke hat sie Verfolgung, Ermordung ihrer Angehörigen, Ausbürgerung aus Deutschland, Ehescheidung und schwere Krankheit als Herausforderung angenommen und sich ihr gestellt. Die Botschaft ihres Lebens: Verzweiflung darf nicht siegen. Wir können unsere Wunden und Verletzungen überwinden, inneren Frieden und neue Lebendigkeit finden. „Beth Weiner ist seit langem engagiert zur Versöhnung zwischen Deutschen und Juden beizutragen. Sie ist dazu in besonderer Weise qualifiziert, weil sie Betroffene ist." **Bert Hellinger**

HERDER spektrum